発達障害のための心理劇
――想(おもい)から現(うつつ)に――

髙原朗子［編著］

九州大学出版会

はしがき

　自閉症やアスペルガー症候群等の発達障害を取り巻く社会的状況は近年，大きく変化してきた。また，平成19年度から本格的に導入される特別支援教育や平成17年4月に成立した発達障害者支援法などにより，その支援の在り方についても，今までの教育や支援方法のみではない新たな方法が模索されている。
　一方で，大変不幸なことに近年の凶悪犯罪の中には，広汎性発達障害（高機能自閉症やアスペルガー症候群を含む）の子供や青年によるものが認められ，犯罪防止のためにも彼らを理解することと，適切な支援をしていくことが大変重要な社会的テーマとなってきた。
　彼らを支援するには，従来の行動療法や言語訓練などに加えて，社会適応力の向上，自分の感情を適切に表出できることなど，人格を向上させるためのさらなる工夫が必要である。上記の問題解決の一助となるよう，本書では，発達障害児・者のもつイメージやファンタジーの世界「想（おもい）」を，安全で守られた治療の場で「現（うつつ）」として表現する心理劇の治療技法を紹介していく。
　ところで，15年ほど前に私が心理劇を導入してから今までのいきさつを少し述べたい。もともとは，本書第1章でも紹介されているが，九州に本格的心理劇治療をもたらした精神科医迎孝久先生の私への一言「自閉症の人たちに，心理劇をやってみませんか？」がきっかけだった。迎先生の病院に週末に通い始め，心理劇について一から教えていただき，その半年後から実際に自閉症の人たちに臨床適用していった。導入当初は，事例発表した学会などで「自閉症の人たちにはイメージすることは無理だから，こんな技法は役に立たない」とか「話としてはおもしろいけど，できるわ

けない」など厳しい意見が多かったように記憶している。一番印象に残っていることは，ある高機能自閉症の方（もちろん，児童精神科医の診断が下されている）がすばらしい情動表出を行った劇の内容を論文として投稿したところ，査読者の一人が「自閉症の人がこんなに表現できるはずがない。この事例は自閉症ではないのではないか」という一文を寄せたことだった。今考えると，私の伝え方のまずさもあったのだろうが，多くの方には「自閉症者には心理劇なんて絶対できない，もっと具体的に視覚情報を与える技法しかない」という強い思いこみがあったのだと思われる。しかし，その後，徐々にわれわれの報告に興味を持ってくださる方，実際に体験したいと見学やワークショップを企画してこられる方などが増えてきた。現在では，日本心理劇学会・西日本心理劇学会の仲間や，特別支援教室を担当する先生方，福祉施設の職員の方などが実際に心理劇による臨床を行っており，様々な反応を得ている。

　自閉症と言われる人たちと知り合って今年で25年，私にとってはまさに人生の半分を彼らと過ごしてきたことになる。本書は，彼らと関わってきた歴史の途中経過である。

　本書の内容は，彼らを支援している人たちへ，心理劇による治療技法を解説し，さらに，特別支援教室や福祉現場等で活用できるような方法を紹介している。具体的には，主に編著者の高原が博士論文でまとめてきた発達障害の人々への心理劇治療の実際を中心に論じた。共著者の金子進之助氏には，カウンセリング・心理劇の専門家として心理劇の基本的考えを述べていただいた。楠峰光氏には，発達障害の人々に対する治療教育の専門家として，またご自分の経営されている社会福祉法人設立時から約15年間，心理劇による療育を企画・運営しておられるので，それらについて論じていただいた。池田顕吾氏には，若手臨床心理士として，またこの10年楠氏の施設スタッフとして心理劇の療育の具体的な企画・実践に関わっておられるので，その方法や内容を紹介いただいた。

　以上の著者により，心理劇施行の実際と理論的枠組み，効用と限界など

の知見を提示することで，発達障害者にかかわる問題軽減のための一方法を提案してみたい。また，われわれの臨床活動で知り得た知見をそのまま適用するのは難しい面もあるので，特別支援教育の現場をはじめとする臨床現場において安全で，かつ，比較的簡単に利用できる方法を心理劇的方法のマニュアルとして紹介する。そうすることで，多くの発達障害児・者に関わる方たち（教育・福祉・医療関係者や家族）への一助としたい。

本書をまとめるにあたり，多くの方のご助言・ご指導を賜りました。はじめに九州大学大学院時代からご指導いただき，本書出版にあたってもご推薦いただいた山下功先生（元 九州大学教授）および大野博之先生（九州大学名誉教授，現 福岡女学院大学教授）に深く感謝致します。25年前に自閉症児との臨床の場を与えていただいた児童精神科医（元 九州大学教授）村田豊久先生，心理劇への道を開いて下さった迎孝久先生，今も発達障害児への心理劇適用についてご指導いただいている針塚進先生（九州大学大学院人間環境学府教授），臨床の場を提供いただいた楠エツ子先生（社会福祉法人玄洋会）に厚く御礼申し上げます。

また，本書で事例として紹介している方々やそのご家族につきましては，掲載することを快くお許し頂き，誠にありがとうございました。執筆するにあたり，プライバシーには十分留意しながらも，心理劇場面での生き生きとした彼ららしい表現を心がけたつもりです。さらに，心理劇的方法を一緒に学び臨床適用している多くの仲間にも感謝致します。

最後に本書を出版するに当たり，企画の段階から相談に乗っていただき，ご尽力いただいた九州大学出版会永山俊二編集部長に深く感謝申し上げます。

なお，本書の刊行にあたっては，出版費の一部として，独立行政法人福祉医療機構の「平成18年度長寿・子育て・障害者基金」より助成を受けました。

平成18年11月　　　　　　　　　　　　　　　　　　　　髙原朗子

目　次

はしがき ……………………………………………………………… i

序　章　「想<small>おもい</small>から現<small>うつつ</small>に」とは ……………………………………… 3
　　1．今なぜ，このような本を出そうと思ったのか ………… 3
　　2．社会的状況と支援の方法について ……………………… 6
　　3．心理劇を取り入れたのは ………………………………… 8
　　　　──「想<small>おもい</small>から現<small>うつつ</small>に」を体験できる場──

第1章　対象や方法についての理論 ………………………………11
　　1．発達障害児・者と心理劇 …………………………………11
　　2．心理劇の歴史 ………………………………………………22
　　3．再び発達障害児・者の心理劇を巡って …………………24

第2章　対象や方法の実際 …………………………………………27
　　1．施設での療育・治療・指導 ………………………………27
　　2．心理劇施行の基本的な考え方と方法 ……………………35

第3章　心理劇治療の実際(1)──方法（実践）── ……………43
　　1．「寺子屋さくら」における実践 …………………………43
　　2．「青年学級」における実践 ………………………………48
　　3．「桜花塾」における実践 …………………………………55
　　4．福祉施設における実践 ……………………………………58
　　5．療育キャンプにおける実践 ………………………………64

第4章　心理劇治療の実際(2)——対象者への適用の実際—— ………69
　1．中・重度自閉症児・者に対する実践 ……………………………69
　2．高機能自閉症者に対する実践 ……………………………………75
　3．アスペルガー障害児・者に対する実践 …………………………91
　4．広汎性発達障害児に対する実践 …………………………………110

第5章　臨床現場での心理劇の展開 …………………………………115
　1．特別支援教育におけるマニュアル ………………………………115
　2．福祉施設での適用例とマニュアル ………………………………124
　3．家庭や学校生活その他の臨床現場における利用マニュアル ……132

第6章　結　論——総合考察—— ……………………………………137
　1．発達障害児・者に対する心理劇の効果 …………………………137
　　　——10年間の実践から見えたこと——
　2．発達障害児・者に対する心理劇の効果 …………………………142
　　　——34名の事例の評価——
　3．まとめ——発達障害児・者に及ぼす心理劇の効果——………146

　参考・引用文献 …………………………………………………………157
　索　　引 …………………………………………………………………171

発達障害のための心理劇
―― 想から 現に ――
　　おもい　うつつ

序　章　「想(おもい)から現(うつつ)に」とは

1. 今なぜ，このような本を出そうと思ったのか

　この10年来，新聞・TV・週刊誌等のメディアを通じてアスペルガー症候群，広汎性発達障害が関与した事件が報じられ，社会の耳目を集めている。これらの幾つかは刑事事件であり，司直の手にかかることとなった。
　裁判等を通じて，これらの障害が事の本質的な要因を形成するのかどうかクローズアップされることも多かった。
　しかしながら，「障害」という名が出れば，報道各社は自主規制を始め，TVの画面や新聞紙上からはその名が姿を消すことが多い。今の日本社会は弱者救済の価値観を強く持っている。
　発達障害者支援法の成立に伴い，広汎性発達障害やアスペルガー障害についての専門書，準専門書，啓蒙書等もたくさん目につくようになった。当該行政当局はもちろん，学校教育現場でも福祉医療の現場でも組織的に理解・支援する気運が生じ，動きも活発化してきた。
　しかしながら，いわば"境界線"上にあるこれらの人たちについて十分には理解されていないのも事実である。障害の本質とも結びつけてその行動・性格を他の人たちに理解させようとしても——大多数の啓蒙書は理解と支持を訴えるのみのことが多い——この子を幼い頃より育てた母親や一部の専門家以外の人にとっては，それは不可能なのではないかとも思

われる。

　それは，いくら"障害から発する"と口では説明しても，現に世人の目の前にあるのは非社会的・反社会的行動や性格であるからである。人は好悪の感情や善悪の価値観を交えずに人と接することはできない。

　「感情的に受け容れにくい異質な感覚や社会的に許されない異常な行動とはいえ障害から来たものだから，ただ受け容れよ」と言われたところで受け容れられるものではない。

　周囲がこれを疎み，反発することで，更に孤立化・内閉化・引きこもりが増悪させられるという悪循環をたどることになる。

　周囲の側に一定限度以上理解してもらうことは本質的には無理ということであれば，本人たちの内部からの成長・発達を促し，自我を強化し，超自我の形成を図る直接的な手段を執るに如くはない。その有効な手段としてわれわれは心理劇的集団精神療法の適用を考えたわけである。

　もともと精神障害者，特に統合失調症者に対する心理劇の実践（迎孝久，1983）から出発したわれわれのグループは，他者との情緒的交流や言語交流が決定的に乏しい自閉症者に対しても継続的に心理劇的治療を試みてそれなりの効果を上げてきた（髙原，1993a他）。

　また，われわれは永年関わり合ってきた自閉症者のうち，IQ 80前後に達したいわゆる高機能自閉症及び当初よりアスペルガー症候群であった者，幼児期はかなり重度であったが，急速に発達してIQ 120にもなる高機能広汎性発達障害等々へ対して，繰り返し心理劇治療を実践して多少の知見を得た（髙原，2001b他）ので，これらも報告し，新たな実践の展開を期待している。

　高機能自閉症者はもちろん，IQ 120を示すアスペルガー症候群といえど，そのIQにふさわしい高度の統合知能と大人としての人格水準にあるのかといえば必ずしもそうではない。

　知能テストも仔細にみれば，視覚視認的要因が強い検査成績は優秀だが，統合的判断を要するもの，長文読解的な検査項目はよくないし，思考

の中核を示すと思われる類似問題の検査が平均以上にできる子は殆どいない。

さらにロールシャッハテストでは，固着観念・優価観念に縛られて形態無視の繰り返し・固執・常同反応が多い。

図版内の「図」の位置関係に捉われ総合的・統合的に物事を見て取れない場合が多々あるし，さらには予想と違うのはF（形態反応）よりC（色彩反応）による判断を行うことも多いということ，すなわち形態を認識して論理的に把握判断することより，感性的・感情的把握を優先しているケースが多々あるということである。もちろんこれは感情的・自己中心的・幼児的な性格傾向として顕在化するものである。

アスペルガー障害といえば「形式的」「論理的」思考といったワンパターンで把握しようとするわれわれにとって新鮮な驚きであったが，よく考えてみると両者は底で繋がっているというか必然的にリンクするものであるし，コインの表と裏である。

コミュニケーション障害，対人関係障害，ひいては対人関係のつまずきというのは結局本人の「能力」不足に由来する。能力とは，すなわち人の言葉を瞬時にわかる能力であり，人や周囲の状況を察知する能力であり，言葉に出していない人の感情や意思を忖度する能力である。また，多次元の諸要因を統合し，総合的に把握判断する能力等々のことを指す。

これらの諸能力が，測定知能の指数に比べて，またヤスパースの「精神的資産」に比較して，劣っているのが現実である。

そのため，測定指数は高くても，即ち学業成績や日常会話能力は十分であっても言外の言がわからず，意心伝心ができず，自己中心的，未熟な対人反応をみせる場合が多い。

様々な療育を受けた彼らが就学を迎え，思春期を過ぎ，青年期に達すると，その節目節目の段階で要求される対応能力は本人の発達速度を上回り，本人の対応処理能力を超える場合もある。対人的に，過度の反応をしたり，極端に粗暴になったり，また以前は落ちついて適応していたのに，

些細なことで思いもかけないパニック状態に陥り，人へ対して決定的に"異質"な印象を与えてしまう。

いじめの対象になり或いはクラスの厄介者となり，疎外され，不登校となり引きこもることとなる場合も多い。

こだわりと感性の食い違いは対人関係のまずさをもたらし，対人関係のまずさは生きていく上での不全感をもたらし，その結果として，常に不安定感といらつきに悩まされることになる。

鬱屈した感情は時に欲動に基づき，自己中心的未熟な反応を起こして，反社会的行為へ突っ走ることにもなる……。

ならば，われわれはどうするのか？

感性が悪いのなら感性をアップするためのトレーニングを，能力（というより多分に高等感情）が低いのならそれを高めるトレーニングを行うことをわれわれは決めた。

前者は心理劇治療（以下，第1章～第5章），後者は塾形式の精神修養（第3章第3節）で対応しようとしたわけである。

2．社会的状況と支援の方法について

カナー（Kanner, 1943）が最初に自閉症の概念を提唱して以来，自閉症研究は多くの発展を遂げてきた。治療技法についても遊戯療法，行動療法，SST（ソーシャルスキルトレーニング），TEACCH（Treatment and Education of Autistic and related Communication handicapped Children 自閉症とその周辺のコミュニケーション障害児のための治療と教育），動作法など様々な技法が適用され，その効用と限界について検討されてきた。

また，アスペルガー（Asperger, 1944）によって提唱されたアスペルガー障害も，高機能自閉症とともに特別支援教育や発達障害者支援法などの中心課題の1つとしてクローズアップされてきており，その概念の拡大

とともに社会的認知も高まってきた。

　自閉症，アスペルガー障害，学習障害など特別支援教育の対象児および成人の支援に関して「発達障害者支援法」が可決成立し（2004［平成16］年12月3日成立，2005［平成17］年4月1日施行），特別な支援が必要な子供は一般教育調査によると6.3％，40人クラスに2～3人と報告され，社会の関心も高くなってきた。

　このような自閉症研究において積み残された課題としては①社会性・対人関係の向上のためコミュニケーション能力そのものを高める働きかけ，②臨機応変に状況を察知・理解し，他人を理解する能力を高める働きかけ，の技法の確立ということであろう。

　軽い発達障害の少年たちが他人との共感性を増し，協調性を高め，思いやりや人の痛みがわかる人間的温かみを身につけ，恩を知り義理をわきまえ，内閉から脱してその独自の執着心を少なくするために，われわれはいろいろな生活指導プログラムを行っている。

　もともと自分が考えたことへのこだわりが強く，現実場面で機に臨み変に応じて柔軟な発想と対応ができないこれらの少年たちは，やはり本当の意味での高度の知能――すなわち，状況を察知・洞察し統合判断すること，本質的なものは何かということを悟ること――は未だ十分ではない。

　どの少年たちも理(ことわり)だけでものを考え，肌で人を感じることは不得手である。その結果，他人と波長を合わせることができず，他人から心理的に阻害されていると感じることが多く，孤独で他人に無関心な性格が形成されていく。早い時期から人間関係の齟齬に悩み，そしてあきらめ，閉じていく。しかし，彼らのピアカウンセリング的集まり（「青年学級」や「桜花塾」など，第3章参照）の中で，同質の人間を互いの中に見つけた少年たちは急速に親しくなり，遊びまわり，ふざけ回ることができた。

　他人と対等の親しい人間関係を持つという経験は人間的成長にとって必須欠くべからざることである。

　われわれは心理劇が彼らの弱点を真正面からとらえ，これを克服し人格

を発達させるのに最も適したものの1つではないかと考える。

3．心理劇を取り入れたのは──「想（おもい）から現（うつつ）に」を体験できる場──

　筆者らは1990年はじめから「想（おもい）から現（うつつ）に」を体験できる場として，心理劇の場を提供してきた。まずは，対象者のプライドを大切にし，仲間との安心感や信頼関係を持てるような場面作りを行った。その中で，彼らが頭の中でイメージすること（想（おもい））を実際に心理劇の場で監督が取り上げ，補助自我の援助を得て「現実的」に体験すること（現（うつつ））で，他者が自分に共感してくれることを体感し，自分の存在を再認識し，日頃の人間関係で傷ついた心が癒されると思われる。そして本人が，させられたのではなく，自分で取り組んだことの意味を感じさせることや，過去のつらい体験を良い思い出に変えることなどが，この心理劇の持つ体験の現実性によって可能になったと思われる。更に社会で生きていくためにやってよいこと，やってはいけないことなどの判断を，心理的に守られた安全な場所で，文字通り身をもって体験できたことも意味があった。

　心理劇という小集団は1つの擬似社会であるから，心理劇への参加は社会的体験，対人関係の体験をするということである。真正の社会ではないから過度の緊張や不安をもたらすことはない。しかし適度のそれ（緊張や不安）はある。

　"台本""取り決め"なしに場（状況）は進行していくから，常に"場"を捉えておかねばならない。他者の言葉を，直接自分に向けられたものでなくても耳で捉えて頭に残しておかねばならない。流動し千変万化する場を正確に捉えておかねば小集団といえど対応できず相手にされなくなるので，自己の観念に固着するひまなどはない。場が動かなくなると監督より指示，或いは示唆がなされるので傍観者たり得ず，常に神経を張り，今この場で自分はどう在るべきか何をなすべきか判断し行動していかねばならない。それゆえ，自発性・能動性も自然に涵養される。精神的諸能力をト

レーニングし高める良い訓練の場になる。もちろん，前述のように自己の癒しや昇華・カタルシスを行って安定を取り戻し自我を強化する機会にもなる。

　瞬間的に移り変わる現実的場面でこれら少年たちの表現できなかった様々な「想（おもい）」は，今「現（うつつ）」となって，彼らは十分に生を楽しみ，生を語ることができる。そしてこの擬似場面（演習）は，現実場面（実体験）での成功への道を拓くものである。
（楠　峰光）

［付記1］　本書のタイトルでもある「発達障害」という用語の定義は，幾つか挙げられるが，本書ではその定義を「自閉性障害（自閉症），アスペルガー障害（アスペルガー症候群）など，DSM-Ⅳ（アメリカ精神医学会診断統計マニュアル）における広汎性発達障害（PDD：Pervasive Developmental Disorders）の診断基準に該当する障害のこと」とし，記述している。なお，本書の中で記述の必要上，個別の診断名である自閉症，アスペルガー障害などを使用していることもあることを，あらかじめお断りしておく。

［付記2］　第3章から第6章では，本人，その保護者，および関係者の承諾を得て各人のプライバシーには十分配慮しながら必要に応じ事例報告を行っている。
　ここに関係各位様に対して，改めて深く感謝申し上げます。

第1章　対象や方法についての理論

1. 発達障害児・者と心理劇

　われわれは自閉症児（者）に心理劇を導入したが，主たる対象はZ更生センターとX学園に通所もしくは入所しているアスペルガー障害，高機能自閉症，広汎性発達障害などいわゆる発達障害児・者である。今回取り上げた自閉症児（者）は，一般に対人関係の障害，言葉の障害，興味関心が偏りを持っていたり，こだわりがあると言われている人たちで，最近その人たちには「こころの障害」があると言われている。

　「こころの障害」というのは，他人の表情や動作による表現の発する意味を理解できず，他人の思惑を類推できないということで，人の気持ちの理解が難しいとされている。

　ではなぜこの人たちに「心理劇」を導入したのか。それは，第1に，発達障害児・者が相手の気持ちを理解できないと客観的に判断する前に，果たしてわれわれは彼らの気持ちや世界をどのように理解しようとしていたのかということがある。言語的表現が苦手な人にも，それぞれの体験している世界があり，それを劇の舞台で表現するように援助することで，彼らの世界を理解する手がかりが得られるのではないかと考えたからである。第2に発達障害児・者も楽しい記憶や，不愉快な記憶があり，それにこだわることで，後に大きなできごと，不適応行動が誘発される例も散見され

る。このような彼らの感情を「劇」という，実社会ではないものの，観客や補助自我のいる人間関係の中で表現することで，感情の浄化やその意味づけを図ることができないかということを考えた。第3には単純に劇遊びの世界の楽しさを経験してもらうことである。第4にはこれらを通して今ここで，どのような人間関係を作り，あるいは社会的なスキルを学習すればよいのかという適応の問題にも資することができると考えたのである。

心理劇は，モレノ（Moreno, J. L. 1892-1974）によって始められた集団心理療法である。即興劇により，主役の心理的世界が展開される。

心理劇を構成するのは，「監督：劇の進行係であり，治療者や指導者が行う」，「主役：劇の主なる登場人物であり，自らの提出したテーマに基づき，監督の援助や共演者の助けを借りて劇を演じる」，「補助自我：主役を助けて，主役の身代わりを演じたり，主役の相手役を演じ，あわせて監督を補佐する。治療スタッフがその役目をとることが多い」，「舞台：心理劇が演じられる舞台である。特別に観客席と区切られた円形の3段舞台が設けられるが，普段施設や病院ではこのような特別のものではなく，施設内の一室で，参加者が取り囲む場が舞台となることが多い。舞台は心理的な安全性が保証され，一般社会と違うけれども，そこに観客がいることで，社会とのつながりのある場と考えられる」，「観客：観客は心理劇に参加する利用者やその援助のスタッフで構成される。単なる劇の観客であるというだけではなく，時にはその中から舞台に参加したり，あるいは演じている主役の応援者ともなる」の5つの要素である。

心理劇は普通3つの時制（3つの時間的流れ）に区切られる。まず「ウォーミングアップ」があり，全参加者が劇を始めるための心理的身体的準備性を高めるものである。いきなり劇に持ち込んでも人は緊張して動きにくい。そこで，心身のリラックスを図り，またこれから演じられる主題を自然な会話から見いだしたり，その場に集まった人が，仲間としてお互いに親和性を高めて，演じやすい雰囲気を作るために行われる。ゲーム

や，季節の話題を話し合ったり，集団で体を動かしたり，言葉遊びや指遊び，手遊びなどを行う。その場の雰囲気から，監督は劇の進行に適した時期を選んで次の劇化を行う。

「劇化」は監督から示唆されたテーマや，主役が提出したテーマに基づき，監督が誘導し，いくつかの技法を使って主役によって演じられる。その際に，主役によって必要な登場人物が告げられ，その人物は補助自我が演じることになる（一部はその他の観客の中から選ばれる）。劇は主役の提供した話に沿って進められるが，主役の自我の強さやその時どきの必要性によって，心理的内容の強いものから，比較的表面的な内容まで演出の仕方が変えられる。しかしあくまでも演者である主役のイメージに沿って進められるのが基本である。

「劇化」は，その物語が一定の終結を迎えたり，主役が満足を表明した時点，もしくは監督が一定の治療効果があったと判断した時点で終了となる。しかし，「劇化」が飛躍しすぎてその場が茶番劇化した場合，あるいは監督のコントロールを超えそうなときにも終了することがある。「劇化」が終わると「シェアリング」が行われる。

「シェアリング」は参加者が気持ちを共有することである。とりわけ主役の表現してくれた物語や，それを演じた主役に対して観客，出演者などの参加者が共感の気持ちや出演してくれたことに対する支持を表明するものである。発達障害者の心理劇においてはイメージを共有したことを確認する意味もある。

心理劇は集団心理療法であるが，とくに発達障害の方に適用する場合の他の療法との違いを明らかにしておきたい。

まず，劇を演じるわけであるから身体運動感覚によって，感情や認知の体験を具体的に行うことが挙げられる。劇では体を動かし，そのことが感情体験や，感覚を呼び起こす要素を持っているということである。このことは言語を媒介として，感情体験を呼び起こす他の療法との大きな違いで

ある。
　さらに，劇として舞台の上で演じられることは，視覚的イメージの世界として現出される。
　また，集団による体験の場でもあるので，他人に理解してもらうことや，共通の体験を味わったり，演じられたストーリーから触発された自分の体験を観客は想起することができる。
　日常的に起こる場面を再演して，そこで体験することから引き起こされる感情体験を再確認することや，スタッフがそれを指摘し，フィードバックすることで，体験されたことの意味や，それがどのように一般には呼ばれているものなのかを，言語化する経験にもなる（たとえば「嬉しい」という感情，「悲しい」という感情などの分類や命名を教える）。

　心理劇では，社会の中で人間が生きているときに，今ここで新たな体験をし，それに対して適応的な役割をとるためには，従来の役割を機械的に演じるのではなく，その場にふさわしい行動をとらなくてはならない，またその事態に適応するためには自発性・創造性を発揮しなくてはならない。それがその場にふさわしい役割として演じられるときに，うまく生きていくことになると考えられている。

　心理劇には，心理療法としては「今ここで，新しい生き方を創造する」という演出方法や「古典的心理劇」という，過去の葛藤や未解決の問題にさかのぼったり，現在の葛藤の解決を図る演出方法があるが，その場合にも監督が劇の主導権を握り演出を進めていくやり方と，主役にできるだけ主導権を持たせて劇を進めていくやり方が考えられる。
　西日本心理劇学会の創立者の一人である迎孝久氏は，「間接誘導法」という技法を慢性の統合失調症患者への心理劇技法として確立し，社会への再適応を図るために，意欲や思考力が衰え，感情の鈍磨した方が，少しずつ劇の中で自発性を取り戻すような演出法を発表している。筆者らの「発

達障害者への心理劇」はこの流れをくむものである。
　このほかに，心理劇は役割学習のための方法としても活用されている。

(1) 自閉症児の特徴と心理劇

　主な対象者である自閉症児の原因はまだ詳細に明らかにされたわけではないので，診断は症状によってなされる。一般によく使われるのがDSMと呼ばれるアメリカ精神医学界で作られた診断基準である。作成後何回かにわたる改訂がなされたが，DSM-IVでは自閉症の診断基準は以下のようになっている。

自閉症診断基準（DSM-IV）

#A: 1，2，3から合計6つ（またはそれ以上），うち少なくとも1から2つ，2，3から1つずつの項目を含む。

1．対人的相互反応における質的な障害で，以下の少なくとも2つによって明らかになる。
　(a) 目と目で見つめ合う，顔の表情，身体の姿勢，身ぶりなど，対人的相互反応を調整する多彩な非言語性行動の使用の著明な障害。
　(b) 発達の水準に相応した仲間関係を作ることの失敗。
　(c) 楽しみ，興味，成し遂げたものを他人と共有することを自発的に求めることの欠如。
　(d) 対人的または情緒的相互性の欠如。

2．以下のうち少なくとも1つによって示される意思伝達の質的な障害。
　(a) 話し言葉の発達の遅れ，または完全な欠如。
　(b) 十分会話のあるものでは，他人と会話を開始し解読する能力

の著明な障害。
- (c) 情動的で反復的な言語の使用または独特な言語。
- (d) 発達水準に相応した，変化に富んだ自発的ごっこ遊びや社会性をもった物まね遊びの欠如。

3．行動，興味および活動が限定され，反復的で常同的な様式で，以下の少なくとも1つが明らかになる。
- (a) 強度，または対象において異常なほど，常同的で限定された型の，1つまたはいくつかの興味だけに熱中すること。
- (b) 特定の，機能的でない習慣や儀式にかたくなにこだわるのが明らかである。
- (c) 常同的で反復的な衒奇的運動。
- (d) 物体の一部に持続的に熱中する。

#B: 3歳以前に始まる，以下の領域の少なくとも1つにおける機能の遅れ。
1．対人相互作用。
2．対人的意思伝達に用いられる言語。
3．象徴的または想像的遊び。

#C: この障害はレット障害または小児崩壊性精神病ではうまく説明できない。

　心理劇については別章で詳しく説明しているので，ここではこの章と関係するところを少し述べてみる。
　心理劇はグループで行う即興劇であり，5～6人ないし10人程度の参加者により行われる。「監督」という指導者（司会者）が演出者となり参加者からテーマを募って実施する。参加者は発達障害児・者であるが，その中に「補助自我」という主役の補助や参加者の援助をする監督の助手が

加わる。劇を行うときには劇のテーマを提供する「主役」を参加者から決めるが、主役を直接テーマ提供者が演じることもあれば、テーマ提供者は傍で見ていたいと申し出て観客の役割をとることもある。この場合は監督は本当の主役である話題提供者と彼に代わって舞台上で演じる「代わりの主役」の両方に心配りをする必要がある。舞台に出て主役の手伝いをする助演者も観客から選ぶが、補助自我が出演することもあれば障害者である観客から選ばれることもある。出演しない人は「観客」として劇の進行を見守る。

　心理劇に取り上げるテーマは季節の話題や参加者の体験を取り上げたり、どこか行きたいところなど空想の世界を取り上げることもある。それらのテーマに沿って劇が展開されるが、監督はテーマを丁寧に聞いていき、ある程度話の内容が参加者にもイメージアップされたところで、テーマ提供者に「自分で演じてみたいか、誰か他の人に頼むか」を尋ね、希望に沿って劇化していく。体験談の場合に主として用いる技法は、本人の話をそのままに再現して演じる「再現法」という技法が用いられる。

　ところで、劇の持つ作用は、往事の体験を演じてみてその体験を再度味わうことによって、その時のできごとについてその意味を再認識する、あるいは現在演じてそこでの体験の意味を認知するという知的な部分に働きかける。とりわけ情景が演じられることで単に言語によるやりとりとは違い、視知覚的な認知を可能にする側面を持っている。従って話し言葉による理解が難しい人でも、比較的理解がしやすいということになる。また劇は情緒的体験を呼び覚ますし、現在の劇の出演によっても情動が喚起される。さらに劇の場はグループによる小集団であり、コントロールができやすい人間関係体験の場でもある。

　先に挙げたDSM-Ⅳの診断基準と関連させて見てみよう。
　とくに＃A1.の項目で見られるように、自閉症児は社会性と考えられる面での交流ができないことがひとつの特徴であり、仲間ができず楽しみ

を人と交流することができないと考えられている。これは自己表現においても，他の人の気持ちや状況を把握できない点においてもそうであると考えられている。また，意思伝達の障害も指摘されている。他の項目もそれぞれが関係しているのであるが，とりあえず#A1.と#A2.を見てみることにする。

確かに自閉症の人はこのような症状が見られることが多い。自閉症の人たちは人とコミュニケーションができないために，ことさら働きかけなければ，自らの経験を他人に語ることが少なかったり，本人にとっては何か意味ある体験でも，それが反響言語として，過去に用いられた言葉をくりかえしたり，唐突に場面にそぐわない言葉で語られることが多い。

しかし子供の体験をよく観察している家族の場合には，子供が口にする言葉が，過去のある体験を物語っていることを理解する場合も多い。その反面で，過去のエピソードについて克明には知らされていない周囲の人々，援助者にとっては唐突で，理解できないこととして見過ごされてきたのではなかろうか。

心理劇の場面において発達障害児・者のエピソードを拾い上げそれを劇として再現することで，彼らがそのことを口にする意味が共有される場合も多い。それは楽しい「快」の体験である場合もあれば，彼らにとって「不快」な体験である場合もある。従来われわれは発達障害の人たちがわれわれのことについて，あるいはわれわれが伝えたいことについて理解してくれない，理解力がないという立場で彼らを見，診断してきたかもしれない。しかしわれわれも彼らに接近し，彼らの世界を理解しようとするときに「心理劇」という表現手段を通して理解することもできたし，彼らの内的体験を劇の上で表現された世界としてわれわれは理解するとともに，彼らがそのことに対して抱いている感情も理解することになったということも多く経験した。と同時に発達障害児・者がその体験を表現することで，自らの感情を理解し，再度意味づけることに少しでも心理劇が役立てないかと考えるわけである。

第1章　対象や方法についての理論

　もちろん，「こころの理論」が示すように，彼らにはその場における対人的関係や，相手の感情の理解は難しいものがある。

　ここで自閉症児・者について語られる「こころの理論」についても見てみることにする。
　「こころの理論」というのは自閉症の人々が第三者の気持ちを理解できないことを，彼らには他人の表情や行動の意味するところを読みとる能力が欠如しているか，十分に発達していないという認知の問題として説明しようとするものである。
　たとえば，リンゴの入った皿とバナナの入った皿を見ている人の絵が描いてあるとしよう。描かれた人の瞳はバナナの入ったお皿の方を見ている。この絵を見せて子供に「この絵の中の人はどちらを食べたいと思っているだろうか」という問いを発する。その場合に自閉症でない子供の多くは絵の中の人物の見ているバナナを食べたいと思っていると答えるという。しかし自閉症の子供ではこの回答率が低くなる。自閉症児は，描かれた人の瞳が見ているという，表情によって判断することができないというのである。これは日常生活においても他人の表情や，動作など言語以外の表現からふつうに受け止めているだろうと思われる事柄の認識が，うまくできていないことを意味する。自閉症の多くの人が社会的場面で，他人の思惑が理解できなかったり，迷惑と思われていることに気づかなかったり，他人が悲しんでいたり，怒っていたり，あるいは喜んでいたりという言葉以外の表現でなされている表現を受け止めることができず，その場にふさわしくない表現をしてしまうということにもつながる。加えて自分の言いたいことや，自分がおもしろいと感じたり，悲しいと感じたり，不快と感じたり（それが言葉通りの感情として感じられているとして）することを，周囲の状況にかまわずに表現してしまうことにもつながるのではないかと考えられる。

しかし，日常生活場面の中で，いちいち自閉症の人々に，「今相手は悲しんでいるところだよ」とか「彼は怒っているよ」という解説を加えることは難しいし，時間的余裕もないことが多い。

それが心理劇の場面では，その場の感情を体験し，それを監督や補助自我からフィードバックされることで，このような状況で人は悲しむとか，あるいは怒りを感じるとか，解説してもらうことができる。もちろんそれはいつでもうまくいくわけではない。時には劇場面で，出演者が単なる言葉のイントネーションの響きに興味を持って何回も常同的に繰り返した言葉が，他の登場人物には不愉快なことであっても，相手が不愉快に思っていることが理解できず途中でやめることができなくなり，相手役を怒らせてしまうこともある。しかし一方では，出演者が他の出演者から語られた言葉や，それがしつこく感じられたときに「あいつはいやがっているよ」というように表現されることもある。このようなところを見るときに，心理劇を繰り返して行うことで，自閉症の人々がいつもそうであるというのではないが，他人の気持ちや置かれた状況に気づき，それを表現することが見られるようになることもある。このようなことは微々たるものかもしれないが心理劇が自閉症の人々の援助として貢献するものであることも知っていただきたいと考える。

(2) 自閉症児への心理劇技法

自閉症児・者を中心とする発達障害者の人にどのような技法を用いるか，またどのような時期や状況に対してそれを用いるかが問題となる。いくつかの技法があるが，次にあげて説明を加える。

① 思い出語りの心理劇
② 解決を目指す心理劇
③ ファンタジーの心理劇
④ 学習のための心理劇

① 思い出語りの心理劇

　これはかなり頻繁に用いられる技法である。季節や行事にちなんだテーマで劇が行われる。たとえば，「夏」であれば「夏祭りの思い出」や「海水浴の思い出」，「キャンプの思い出」などがテーマとなる。参加者がそれぞれに経験したできごとをそのときの感情とともに思い出すとともに，できれば参加者がその思い出にまつわる感情を共有したり，あるいはそれぞれに持っている気持ちを思い出し，他人の気持ちにも共通性があることを認識することをねらう。主役が思い出す場面に必要な人物の役割をとることも必要であるので，場への適応と，役割への参加（自発性），ふさわしい役割を演じること（創造性）が養われる。

② 解決を目指す心理劇

　生活場面での解決困難な問題や，社会的役割がうまく果たせずに困っている問題を取り上げ，どのようにしたら解決できるかを劇を通して考察することをねらいとする。たとえば「母親からの分離」，「友人間のトラブル」，「仕事上でうまくいかない事柄」などを取り上げて，再現法（現実場面と同じ場面を構成して演じてみる）や，実際とは違う場面ややり方を工夫して演じてみる。その上で，主役に気づきを求める。あるいは観客の好意的な助言を求める。この劇では，役割交換やミラー技法をよく用いる。

③ ファンタジーの心理劇

　「どこか行ってみたいところ」（実際にはあり得ないところでもよい）に行くことを劇にする。たとえば，外国に行ってみたい，ドラえもんの「どこでもドア」から違った世界に行ってみるなどである。実際にはできないことを経験してみることで，世界を広げたり，遊びの世界を持つことになる。

④ 学習のための心理劇

　新しい役割の取り方を学んだり，間違ったやり方をしている行動を修正したりするために用いられる。

2. 心理劇の歴史

(1) 自発性・創造性の開発

　心理劇はモレノが始めたとされている。モレノは，はじめはウィーンで市民劇場として，市民の啓蒙活動に演劇を用いて，その日のニュースを題材にして上演していたが，主演女優の夫から相談されたのをきっかけに個人のテーマを劇化することを試み，それが治療的効果をもたらすことを発見し，これが「心理劇」として発展する契機になったと言われる。後に彼はアメリカに渡りニューヨークのビーコンで精神障害者への心理劇を発展させた。

　彼が「自発性・創造性」理論や「役割」理論を中心に心理劇について考えていたことは先にも述べた。

(2) 日本における心理劇

　戦後日本に紹介された心理劇は，松村康平，臺利夫，時田学，外林大作，石井哲夫らの諸氏によって研究・実践されてきた。松村氏は「関係学」として独自の領域を担い，臺氏は矯正関係で活躍され，時田，外林両氏は教育関係で，ロールプレイング研究の第一人者として今日まで大きな功績や影響を残されている。石井氏は福祉関係を中心に心理劇を研究し発展させてきた。九州では先にのべた迎孝久氏が精神病院において実践し，それに影響を与えたのは矯正界で心理劇を実践されていた佐伯克氏であった。

　1960年代にモレノ夫人のザーカ・モレノが来日し，そのワークショップは画期的な影響を与えた。「古典的心理劇」として紹介されたまさに心理療法の名に値する技法であり，わが国の若手のサイコドラマチストに大きな影響を与えた。

　現在日本では「日本心理劇学会」が増野肇理事長の下に活動している。

(3) 九州における心理劇の歴史

九州で心理劇を導入発展させたのは，とくに医療界においては松村康平氏に影響を受けた迎孝久氏である。昭和30年代に薬物の進歩によって，統合失調症の急性の症状はおさまるようになったが，病院内には意欲や感情の鈍麻した多数の患者が長期に入院していた。迎氏はこれらの人々が意欲を回復し，自発的生活が可能になるようにと精神病院の中で心理劇に取り組むようになったのである。初期には法務省九州矯正管区におられた，佐伯克氏のご指導があったと聞いている。

(4) 迎医師と慢性統合失調症患者

迎氏は先にも紹介したが，「間接誘導法」という技法を開発し，参加した患者を劇の中で直接的に指導するのではなく，スタッフである補助自我が少しずつ負荷をかけながら，あるいは逆に少しずつ動きの示唆を与えながら，劇の中で活動できるように援助していくことに留意して劇を演出していったのである。

この方法は，迎氏によって訓練された現在の発達障害児・者を対象とする心理劇のスタッフにも受け継がれている。

(5) 西日本心理劇学会

西日本では九州を中心に学会が結成され最初は迎孝久氏を会長とする「九州心理劇研究会」として発足した。やがて「西日本心理劇学会」として発展し，初代理事長は故佐々木勇之進氏，現在は小笠原嘉祐氏である。既に30年近い歴史を持って，毎年の総会・学会，年1回のワークショップを行っている。この学会の会員の特徴は，現場・実践に重点を置いていることである。研究・実践の領域は，精神科病院，矯正，教育，福祉，社会教育など多方面に渡っている。

学会の事務局は九州大学総合臨床心理センターにおかれている。

(6) 福祉心理劇の開発

　西日本心理劇学会において過去に研究報告された福祉関係の実践・研究は古川卓・針塚進らによる高齢者対象の心理劇，西日本心理劇学会研修委員が中心になって発表した老人ホームにおける心理劇，安東末廣による知的障害児に対する心理劇，工藤雅道による障害児への心理劇の適用，など広範囲に渡る。発達障害児・者に対する心理劇の実践研究も本書の著者をはじめとする，X学園，Z更生センターのスタッフの研究によるものがある。

　最近では児童養護施設職員による，虐待を受けた児童への心理劇の適用が報告され始めている。

　福祉関係における心理劇は，今後認知症高齢者への心理劇や障害児・者，あるいは被虐待児童への適用がもっと多く実践・研究され，その方法についても適切な演出が工夫されることが望ましい。

3. 再び発達障害児・者の心理劇を巡って

　成人した自閉症者の方が相談に見えて言われたことがある。

　「私は中学校，高校といじめに遭ってきた。自分が何かすると嘲笑されたり，無視されたり，からかわれたりしてきた。それがどうしてなのか分からず悩んできた。今では人に話すのが怖くなってしまいました」。

　この方は自分でいろいろと考えた末に，インターネットでさまざまなサイトを見て，やがて自分は発達障害だと思うようになったので，相談にのってほしいということであった。

　このような方は自分の生きづらさがどこにあるかという気づきもお持ちであるが，同時に成長期に受けた心の痛みも持っておられる。心理劇の持つ第1の心理療法としての働きは，このような方の思いに応えるものであろうと思われる。劇化した中で，これまで人に話せなかった心情をプレゼンテーションし，あわせて観客に思いを共有してもらうことがいささかで

も心情を和らげることに役立つことを願うのである。

　発達障害児・者が，他人の感情について認知し理解する能力に問題があるのではないかとか，場面の認知がうまくいっていないのではないかとか，さまざまな観察結果が述べられている。しかし，その内面に起こっているものを提示する機会をどのくらい社会が提供してきたのであろうか，分からない人だと一方的に言わずに，分かり合えるものを探す努力も大切であろう。

　障害者とはその人の持っている心身の機能や構造によって，社会的な生活を送る上で困難を持った人々ではあるが，しかし，生活上の条件や，環境によってもその生活はずいぶんかわったものになっていくことは最近の障害機能分類によっても示されている。

　発達障害児・者は確かに他人の感情や，場面の認知が上手ではなく，その場での適応に苦労している人々ではある。しかし，その人々の感情についてわれわれにも聞き取る努力が求められると考える。

　また，イメージを共有化する努力も必要であろう。楽しかったお祭りの思い出や家族の団らん，これらを劇の中で提示される時に，周囲の人はその人の持つ世界にいささかでも理解が深まり，その人自身も豊かな時間を持ったと考えられるのではないだろうか。

　また，心理劇は学習手段として人間関係を学ぶ機会を発達障害児・者に提供することにもなっている。これからも実践し研究しながら，発達障害児・者の福祉に貢献できることを願っている。
　　　　　　　　　　　　　　　　　　　　　　　　　（金子進之助）

第 2 章　対象や方法の実際

1. 施設での療育・治療・指導

　施設での療育と言えば主として障害がある児童を支援する障害児施設で行われることがイメージされる。現実に成人が対象である知的障害者更生施設では生活指導や授産指導・授産訓練が大半であり，療育という概念はあまり一般的ではない。
　しかし，知的障害者はやはり常に組織的に知的刺激を与え学習訓練の場を経験させないと，集団生活では慣れによる受動的・消極的・退嬰的な傾向が出てきがちである。健常者の持つような自己学習能力が非常に低いからである。知的資質が同じ健常者であったら40歳の方が20歳のものよりはるかに知的に上であるが，知的障害者の場合はそうはいかない。

　精神発達遅滞者は知的刺激を与えて精神活動を賦活しておかないと停滞または退行の状況に陥り易い。健常者の場合は経験，特に字を読み書くことで思考活動を賦活し，深化させるという自己学習，自己革新の心的活動を繰り返す結果，経年とともに全体的に水準が上がっていくのだが，知的障害者，発達障害者においては，その機能が非常に弱い。
　それゆえ，知的障害者の入所者がホスピタリゼーション（施設などに長期間収容されることによる情緒障害）を起こすことについては，その原因

は本来的・構造的に内包されているということが言える。それゆえ，よくある傾向として容易に管理しやすい，依存的かつ惰性的な集団活動になりがちなわけである。

しかしながら施設内といっても人間関係からいえば「社会」は「社会」なのであるから，いくら決められたスケジュール通りの生活でも，他人同士の接触を通じて精神的交流・拮抗・反発があり，温かさと緊張が交互に織り成す人間関係は各人の精神生活に適度の刺激を与える。これによる精神的成長が大多数の知的障害者（中・軽度）には見られる。知的障害者が家庭にいる時よりも施設で生活する方が世間知がつく所以である。

ただ，広汎性発達障害者の施設での生活に関して，他の知的障害者とは区別して留意しておかねばならない点が数多ある。
① 常に安定感・安心感を持つように配慮すること
広汎性発達障害者は不安に陥ると固執・強迫傾向が強まり，人格水準が急速に低下する場合が多い。人語を解せず，周囲の状況が察知できず今後の自分の"生き方"がわからない広汎性発達障害者へ対し，十分な安心感を与えるためにも優しい言葉かけ或いは言葉をかけないこと，優しいスキンシップ等を用意しておかねばならない。
② 精神状態・生理的状態を常に観察・把握しておくこと
心因によらず急に不穏・刺激性状態に陥り，対応次第ではパニック・爆発状態・自傷他害に至るので，予断を持たず，わずかの徴候も見逃さないようにする。
③ 言葉かけ以外の手段も総動員して，コミュニケーションを図ること
やかましく語りかけをしない。簡潔なキーワードのみを繰り返す。ジェスチャーを交えて視覚的に分かりやすいように，特に時間の概念を要する文言については本質的に理解力が弱いので，話しかけるときは十分に留意すること。

④　必要以上の注意を本人に向けないこと

　理解力がほとんどなくて人格水準が低い広汎性発達障害者でも，鋭敏な感受性を持っている場合が多いので，人から注意を向けられすぎると感応し，対処しきれずパニックになる場合がある．

⑤　パニック時の対応手段を複数用意すること

　1対1対応で職員が指導できる組織であること，個室や安静室，タイムアウト室へ導入できること，マイナー・メジャーの安定剤を医師の処方のもと，投与できる体制にあること，等々．

　①～④は，職員の指導技法として全職員に研修して基本的対応態度・技法を身につけさせ，⑤については組織として整備することが前提となる．

　広汎性発達障害者に対しては，一般の知的障害者以上に個別指導及び療育的関わりが肝要である．広汎性発達障害は知的障害に比べ指導しにくいので，一般の知的障害施設では忌避されがちであるが，これら個別または小集団での対応の手を用意すれば比較的スムーズにいくことも多い．

　例えば，筆者の関係する知的障害者更生施設では，入所者の50％は広汎性発達障害である．1日の生活指導，起床・排泄指導・洗面・衣服着脱・食事・入浴・就寝等の生活指導はどの知的障害者入所更生施設も基本的には同じで，基本生活支援サービスとして行っているものである（表2-1）．

　月行事，年間行事も月ごと，季節ごとにそれぞれ趣向をこらし豊かな生活を送れるよう工夫している（表2-2）のは，日本国中どの知的障害入所更生施設も大差ないと思われる．

　次に，表2-3に平成18年9月4日㈪及び9月5日㈫の1日の勤務割り及び業務内容と，その分担を示す．

　小グループや個別の訓練指導は表2-3の如くであるが，これについては義務付けられた業務マニュアルがあるわけではないので，これら付加的な指導や学習訓練については各々の施設が独自に編成し，各々の理念と意

表2-1　日課

時　間	日　　　課
7：00	起床・洗面
8：00	朝食・歯磨き指導
9：00	朝の会
9：15	ルーム指導
9：30	清掃
10：00	活動（Ⅰ限目）
11：30	昼食・歯磨き指導・検温
12：00	昼休み
13：00	活動（Ⅱ限目）
14：30	おやつ
15：00	活動（Ⅲ限目）
16：30	入浴
17：00	夕食・歯磨き指導
18：00	自由時間
21：00	消灯

志の下で行っているものと思われる。

　以下，表2-3の内容を説明する。職員状況の種別は勤務時間帯を示し，A：7：00～16：00，B：9：00～18：00，C：13：00～22：00，BN（B勤と夜勤）：夜勤・当直を指し，明休，振休は，夜勤明け，振替休日を示している。MD（マネージング・ディレクター）は，それぞれの部署のディレクターを表している。

　活動はⅠ限目（10：00～11：30），Ⅱ限目（13：00～14：30），Ⅲ限目（15：00～16：30）の単元に分けられ，Ⅰ・Ⅱ限目は，その単元ごとに左；活動単位名，中；利用者グループ名，右；担当職員名が記載されている。Ⅲ限目は，左；活動内容，右；担当職員名が記載されている。

表2-2　月行事について

月	行事（カッコ内は担当職員名）
4	花見（薬○・市○）
5	端午の節句（河○・野○）
6	田植え（竹○・田○・木○・山○・渡○）
7	七夕（原○・三○）
8	かき氷（市○・中○）
9	月見（三○・本○）
10—11	稲刈り・新嘗祭（竹○・副○・木○・田○・山○・牛○）
12	クリスマス会（川○・野○） 餅つき（柳○・三○）
1	福笑い（棉○・中○） 初詣（菊○・福○）
2	節分（牛○・薬○）
3	ひな祭り（梶○・綱○）

3大行事

夏祭り	MD 三○	SMD 薬○	柳○・本○・綱○・渡○
運動会	MD 川○	SMD 田○	原○・河○・野○・福○・牛○
御生誕祭	MD 福○	SMD 中○	木○・市○・菊○・梶○

年間行事

遠　足	MD 田○	SMD 市○	川○・本○・牛○
水　泳	MD 野○	SMD 菊○	福○・原○・梶○
慰労会	MD 薬○	SMD 三○	柳○・河○・渡○

　利用者（入所者）は，原則としてその発達程度と状態像に応じて幾つかの小グループに編成され，グループ間のメンバーは本人の状態と周囲の状況に応じて流動的，柔軟に組み替えられる。

　例えば，9月4日の項では，I限目洗濯を利用者訓練班I班が行い，職員の山○がこれを指導する。散歩は療養・訓練III班で，職員の野○が指導する。音楽クラブは班編成でなく希望者のみ（抽出）で職員の川○，牛○

表 2-3 日常生活指導，指導員配置表
9月4日(月)

職員状況	種別	氏名							備考
		A (7:00〜16:00)	B (9:00〜18:00)	養鶏	BN (9:00〜翌9:00)*	C (13:00〜22:00)	明 休	振 休	
		原○ 綱○	猪○ 福○ 竹○ 川○ 福○ 河○ 山○ 市○ 森○ 二○ 石○ 河○ 本○	原○	野○ 牛○	市○	木○ 中○	田○ 栗○ 柳○ 山○ 村○ 菊○ 渡○ 梶○	

MD 福○	記録 野○	運動 原○	―	大 綱○・原○	通所送迎 藤○・川○	昼安全管理 野○・牛○	

	I 限 目	II 限 目	III 限 目
洗濯	訓練班 I 山○	かかしデザイン 原○・福○	安全管理：野○・牛○
散歩	療養・訓練班 III 野○	園芸作業 綱○	入浴介助：市○・綱○・河○
音楽クラブ	描出 川○・牛○	石けん作業 川○	通所送迎：藤○・原○
書道教室	訓練班 I・II 原○・福○	さくら教室 市○・河○	児童デイ：猪○
学園内	運動指導	生活A 12 綱○・市○	ドライブ 福○・副○
業務	感覚統合訓練	生活B 福○・河○	地域支援 竹○
	農作業		洗濯 山○
			農作業 猪○
			医務
			デイ送りA：竹○・山○
			B：福○
			C：副○

通	A医院 (X／Y／Z) 服薬指導 猪○		
対	地域福祉活動：二○ 本○ 河○		地域福祉活動：二○ 本○ 河○
そ	・児童デイ 12名 ・気功 本日はなし ・運動会チーフミーティング		

* BNは，途中休憩・仮眠の時間も含まれる。

第2章 対象や方法の実際

9月5日(火)

職員状況	種別	A (7:00〜16:00)	B (9:00〜18:00)	BN (9:00〜翌9:00)＊	C (13:00〜22:00)	明休	振休	備考
	氏名	田〇 本〇	猪〇 福〇 原〇 竹〇 柳〇 中〇 二〇 山〇 梶〇 石〇 山〇 薬〇 森〇 河〇	川〇 市〇 菊〇	市〇	野〇 牛〇	木〇 福〇 中〇 市〇 渡〇	

MD	田〇	記録	市〇	養鶏	本〇	通所送迎	藤〇・原〇	昼安全管理	川〇・市〇・菊〇

		I限	運動	大 梶〇	Ⅱ限	Ⅲ限
学園内業務	洗濯干し 運動指導 かかしデザイン 石けん ちぎり絵 絞り染め 散歩 地域支援 農作業 さくら準備	療育班 訓練班 I 訓練班 II 訓練班 III 生活A1 生活A2 生活B	山〇 田〇 本〇 川〇 柳〇・菊〇 市〇 原〇・梶〇 中〇 竹〇 二〇	ドライブ さくら教室 音楽鑑賞 誕生カード作成 洗濯 地域支援 農作業 デイ迎え さくら準備	訓練班 生活A1,2 生活B 療養班 14:00発	猪〇・梶〇 本〇 田〇・原〇 綱〇 山〇・二〇 中〇 竹〇 山〇 原〇 二〇	安全管理：川〇・市〇・菊〇 入浴介助：柳〇・梶〇 通所送迎：藤〇・本〇 指導事務：綱〇 さくら準備：二〇 医務 (薬受け取り)：猪〇 児童デイ：山〇 MD業務：田〇 デイ送りA：竹〇・山〇 B：中〇 C：猪〇

通	A医院	服薬指導							
対	地域福祉活動：川〇 山〇 河〇			地域福祉活動：川〇 山〇 河〇				地域福祉活動：川〇 山〇 河〇	
そ	・児童デイ 12名 ・研修 薬〇・福〇								

＊BNは、途中休憩・仮眠の時間も含まれる。

が担当し，書道教室は訓練Ⅰ班及びⅡ班で職員の原○，福○が行い，感覚統合訓練は職員の福○，河○が，生活Ｂ班に対して実施する。農作業に従事する利用者はいない。Ⅱ限目では，訓練Ⅰ班が職員綱○の指導の下，園芸作業を行い，石鹸作業は訓練Ⅲ班が，職員川○の指導の下で行う。因みに，陶芸作業は趣味の学習教室であり，石鹸作業は授産作業となる。最重度・重度のグループ生活Ａ１・２班へ対しては保育的ケア（さくら教室）が行われる。ドライブを好む重度者及びショートステイの重度者は，園用車で近郊をドライブして楽しむ。

「通」は病院（内科・精神科）への通院，「対」は地域福祉活動，障害幼児通園事業の対応，「そ」はその他の項目で，児童デイサービス（別組織）では12名の利用児があり，「気功なし」とは，気功の講師の都合で休みとなり，本来あるべき気功教室が今日はないということ，運動会チーフミーティングは10月開催予定の園の運動会に関して，各部門のチーフが集い，打ち合わせ協議する（Ⅰ，Ⅱ，Ⅲ限外に）ということを示す。その他この表では，完全な生活介助（洗濯・入浴介助等）から，保育や運動や芸事・授産等が記載されている。陶芸教室を週１回または２週に１回実施しているが，面白いことに知的障害者より広汎性発達障害者のほうが意欲的に取り組むことが多い。画展に入賞する作品を作りあげる者，売り物になる籐作品を編む者，心理劇で確かに改善・向上が認められる者は，全てこれ広汎性発達障害者である。

９月４日の表は，50人の入所者がいるこの知的障害者入所施設に７：00～22：00の勤務時間帯に併せて18人の指導員が勤務しており，別に３人の指導員・保育士が地域へ障害児の保育で出張しており，同所の別組織児童デイサービス（別職員２人）に12人の児童が通ってきて，そこへ応援として学園より１人指導員が入っているという図式である。

以上のように，日常生活指導（起床介助，洗面・歯磨き指導介助，着脱・排泄介助，食事介助，日常動作・行動介助，就寝介助）に加えて，生

活学習等の各単元活動がある。更に SST（社会技能訓練）として 1 人
──もちろんこれに 1 人の職員がつくのであるが──または複数の利用
者を外出させ，買い物，食事，観劇，観覧等を月に 2 ～ 3 度の頻度で行
う。

　月行事は，主として園内で行われるお誕生会やその他利用者に関するこ
とが主となるが，年行事となると保護者やボランティアを加えて地域へ開
かれたイベントとなるものが多いので，利用者・職員ともに軽い緊張が走
り園内に活気がみなぎってくる。

　これらのような日課の基礎的個人生活介助，生活指導，学習訓練指導が
毎回なされ，月ごとの各種行事，季節ごとのセレモニー，年間のイベント
行事を入所者全員が味わい，グループごとに SST や慰安旅行（温泉や魚
釣り）をして，利用者生活を保証し，その生活をさらに豊かに充実させる
業務を不断に行っている。
　これは，知的障害者更生施設の生活指導の一例にすぎない。自立支援法
の下で運営される全国三千余の知的障害者更生施設では，大なり小なり同
じような介護・指導支援が知的障害者・発達障害者へ対してなされている。

2. 心理劇施行の基本的な考え方と方法

　本節では，発達障害の人たちへ心理劇を施行するにあたっての基本的考
え方と方法を以下に述べる。

(1) 発達障害者へ心理劇を適用する目的
　次の 3 点を心理劇適用の具体的な理由と目的とした。
　① 表現の場としての意味
　心理劇は発達障害者の情動・認知の特性をいかせる技法ではないか。例

えば，重度や中度の知的障害を伴う自閉症者に対しては，言葉では難しいが体で彼らの独自の世界を表現できるのではないか。高機能自閉症者やアスペルガー障害者に対しては，日常生活だと教育的に注意せざるを得ないことも，心理劇の場ならファンタジーの世界として許され，のびのびと表現できるのではないか。

② 社会性向上の場としての意味

応用行動分析により，多くの発達障害者の障害を軽減するための実践研究が行われてきたが，残る課題として「訓練の場で習得した社会技能を，日常生活で臨機応変に使用することが難しい，つまり応用できない」という汎化の問題があげられる。心理劇で内面にアプローチすることで，発達障害者の意欲を高め，社会との接点をつけ，前述した汎化の問題を解決する一歩となるのではないか。

③ 集団療法の場としての意味

単に治療者と対象者という1対1の場面ではなく，同じような症状を持つ集団内で理解してくれる人の存在がその人を成長させるが，心理劇の場はそのような場ではないか。

(2) 心理劇の流れ

心理劇の一般的な流れと同じであるが，特に発達障害者への取り組みとして工夫している点を挙げる。まず，ウォーミングアップでは，多くの場合，はじめに「今の気持ちはどうですか？」と聞く。重度の知的障害のある対象者には絵カードなどを選ばせる。討論や対話など言葉を使うものや，体操やゲームのように身体を使うものなどを施行する。次に，劇化（ドラマ）では，その障害の程度によってダブル（二重自我法），ミラー（鏡映法），ロールリバーサル（役割交代法）などを使い分ける。さらに，シェアリングの段階では，各対象者の気づきを述べ，新たな気づきを感じ取りやすい場を提供する。また，役を引きずらないよう役割解除を行う。役割解除のやり方は，多くの場合，「あなたは今演じた○○ではありませ

ん，いつもの△△さんに戻ってください」などと言って，日常の自分に戻る，という形をとる。毎回，ウォーミングアップ→劇化→シェアリングの流れで1時間〜2時間程度行った。

  1) 心理劇における役割
  ①　監督：心理劇の演出家，主治療者。劇の場を設定し，劇を進め主役の気づきを促す存在。
  ②　主役：治療の主な対象者であり，舞台で演じる人。
  ③　補助自我：治療スタッフ・副治療者。監督の意図を感じ取り，主役の自我を補助する。
  ④　演者：主役や補助自我を含め，劇で演技を行う人。
  ⑤　観客：劇に自分も参加している気持ちで劇を見ている人であり，シェアリングでは，主役の補助自我にもなり得る存在。

  2) 心理劇の流れ
  ①　ウォーミングアップ

演技へ向けて自発性を高めるために行う。討論や対話など言語を使うものと，体操・ゲームのように身体を使うものに分けられる。

具体的な内容は以下のとおりである。

挨拶として，今日の体調・今の気分・今の気持ちなどをいろんな方法で表現させる。表現できたら拍手等で「よくできました」とほめ，一方でうまく表現できない対象者については，他のメンバーに「〜さんは今どんな気持ちでしょう」と問いかけ，メンバーから「〜さんは恥ずかしいみたい」など今の気持ちを伝えてもらい，本人の気持ちと合っているかどうかを確認した。また「表現できなかった，失敗した」という気持ちを持たせないように心がけた。

挨拶の後，音楽を使ったイメージアップ，ゆっくりと身体を動かす体操，簡単なルール理解を促すゲームなどを行った。たとえばゆっくりと体を動かす体操を，一定期間毎回行うことで構造化された場面を意図的に設定した。目的は1．同じことをすることで，変化に戸惑いがちな発達障害

者を落ち着かせるため，2．毎回やることで各々の動きの変化を見るためである。その他，言葉を使わないジェスチャーゲーム，言葉を使うフルーツバスケットなどいろいろな形での表現の促進を試みる。

② 劇化（ドラマ）

主にロールプレイングを行いながら，参加者が自発的に演じ，場面を展開し，問題解決していく。

具体例としては，感情を適切に表現したり，他者を意識するようなドラマや，言葉のみでなく姿勢を伴ったイメージ表現を促進するようなドラマを行った。過去・現在・未来の自分を表現する劇や「今，行きたいところ」「今，やりたいこと」など，今の気持ちを表現する劇，さらに日常生活（家庭，学校，職場，施設）で困っていること，友達との人間関係などを劇化していった。

③ シェアリング

演者の体験を参加者一同で分かち合う場面である。シェアリングでは，各参加者が気づきを述べ，新たに思いを感じ取る。また，役を引きずらないよう役割解除を行う。

演者には劇で何か役を演じたときの気持ちを主に聞いた。観客には劇を見て自分がどう思ったかを聞き，発言や表現がむずかしい対象者には「挨拶」と同じく，他のメンバーにその対象者が「どんな気持ちでしょうか」と聞き，それを確認していった。

最後に終了の挨拶を行い，今日行ったことを監督が確認して終わるようにした。

3）技法について

心理劇には様々な技法があるが，基本的なもので筆者らもよく使う3技法について簡単に説明する。

① ダブル（Double，二重自我法）

主役（治療対象者）と同じ人格を場面の中で補助自我（援助者）が演じてみせる援助の方法。主役の分身のような働きをする。相手役にもダブル

を付けることも多い。そうすることで，主役は，言いたかったけれど表現できなかったことを代言してもらったり，自分が言いたかったことを確認したり，自分の気持ちに明確に気づくようになる。

② ミラー（Mirror，鏡映法）

主役（治療対象者）に観客となってもらい，場面では補助自我（援助者）が主役（治療対象者）を鏡のように模倣して演じる援助の方法。補助自我（援助者）が主役（治療対象者）の代わりに演じ，それを観ることで気づかなかった自分に気づかせる。

③ ロールリバーサル（Role Reversal，役割交代法）

主役（治療対象者）に本人とは違う役割を演じてもらい，補助自我（援助者）は主役（治療対象者）の人格を演じる援助の方法。最後は必ず自分自身に戻って演じてもらう。そうすることで，他者から観た自分に気づくことが出来る。

(3) 方　　法

① 場所

X学園やZ更生センターの療育訓練室，および学園主催の療育キャンプの会場　他。

② 療育者

監督（Director　以下，Dr.），補助自我（Auxiliary Ego　以下，AE.）2〜3名。Dr. は劇全体の進行を促し，主役として選ばれた参加者および他の参加者の動きを助け，まとめていく。AE. は Dr. の意向を受け主役その他の演者を助ける。その技法として主役のモデリングを行うダブル，ミラー，ロールリバーサルなどを用いた。

③ 参加者（心理劇施行対象者）

1グループ5〜10人程度，自閉症・アスペルガー症候群・注意欠陥/多動性障害・軽度知的障害などと診断された広汎性発達障害児・者が主な対象者であった。

年齢の幅は，5歳～40歳代までで，それぞれ年齢や障害レベル，または支援ニーズに合わせていくつかのグループに配属した（詳しくは第3章・第4章を参照）。

④　記録の整理

毎回の記録（文書，VTR）を残した。なお，個人情報の管理には十分注意した。

⑤　留意点

留意点として，a．参加の意思の尊重：心理劇施行時にはやりたくないときには本人の意思で休むことができること，b．劇の内容の秘密厳守：心理劇中に出てきたプライバシーに関わる内容は，監督および補助自我は原則として秘密厳守すること，c．スタッフ以外の職員にも必要に応じて心理劇場面の情報を知らせ（守秘義務に注意しながら），グループに対する理解・協力を求める，という3点をルールとして定めた。

(4) 具体的な実践例

心理劇適用対象者は，児童から成人の広汎性発達障害の人々であった。ここでは自閉症の知的障害の程度（重度・中度・高機能）に応じて，さらにアスペルガー症候群に対しての4タイプの実践を紹介する。

①　重度知的障害を伴う自閉症者への実践

重度知的障害を伴う自閉症者は，その自閉症ゆえの対人関係の困難性に加えて，知的理解の困難性ゆえに，いわゆる古典的サイコドラマの基本的枠組みでは臨床適用できないと思われた。従って，状況に応じてウォーミングアップの段階だけを適用することや，レクリエーション的要素を多く取り入れることを工夫した。内容はウォーミングアップでは，簡単なゲーム，絵カードを使っての今の気持ちの確認，体操などを行った。劇化では，お正月やクリスマスなどの年中行事，温泉・バスハイクなど旅行，ごちそうを食べる劇など，楽しくて本人の実際の体験に基づいた劇を行った。援助は，監督や補助自我が，直接的に声掛けや動きによる促しを行っ

た．その時には，一方的な提案になることがないよう2つ以上の選択肢から選ばせるということを心がけた．

② 中度知的障害を伴う自閉症者への実践

重度知的障害を伴う自閉症者への実践で行ったことに加えて，困っていること，小さい頃の思い出，こだわりの内容などを劇のテーマにした．例えば，ある対象者Aは2歳8ヵ月の頃，「母親に絵本を読んでもらった場面」の再現を劇にした．また，動物の名前を言うことにこだわっている対象者Bには，「動物園巡り」という劇で，他者にいろいろな動物になって演じてもらうという劇を行った．すると，そのこだわりが減ってなくなったという効果もみられた．このようにこだわっていることでいつもは制限されることを，劇の場で思いっきり演じ，他者にも演じてもらうことで，そのこだわりを軽減し，社会適応につなげていくことができた．援助は，直接的なものに加えて，補助自我のダブルによる間接的な促しを加え，本人の希望を出しやすい状況を作ることを心がけた．

③ 高機能自閉症者への実践

高機能自閉症者では，人間関係での悩みが高じて，こだわりになることがあり，それを軽減することや，そのこだわりにあえて直面させてゆくことなどを試みた．さらに，このタイプの対象者には過去・現在・未来を意識させるような劇化を多く試みた．というのも，われわれにとっては過去・現在・未来は一つの時間の流れとしてとらえられているが，自閉症者にとってはその認知の独自性ゆえに過去・現在・未来の流れが渾然としているからである．従って，自閉症者の今現在の混乱は過去のことや未来への不安とは切り離せないのである．今現在の人間関係や職場での悩み，葛藤，不安などがパニックのきっかけとなったり，過去に体験したことをゆがんだ形で記憶してしまい，フラッシュバックとして再現されることなど，不適応行動を引き起こしたりすることもよくある．従って，高機能自閉症者に対しては，このような点に配慮した心理劇を行った．援助は，ダブルやミラーなどを適宜取り入れ，本人が表現できない思いを補助自我が

代わりに表現することなども試みた。

④　アスペルガー症候群の対象者への実践

　アスペルガー症候群の対象者に関しては，高機能自閉症者に行ったものに加えて，a．ファンタジーの世界をそのまま劇にすること，b．対人関係でのトラブルや悩みを劇にすることを通して自己肯定感を持つこと，を目的とした。例えば，ある対象者Cは，よくテレビゲームのキャラクターになっての格闘ごっこを劇化することを希望した。また，多くの対象者が，職場や高校・大学での人間関係のトラブルとその対応法などをテーマとして希望した。援助の仕方は，基本的には一般の心理劇でのやり方とほとんど変わらないが，ファンタジーの世界を取り扱った際には，役割解除を，より丁寧に行った。　　　　　（第1節　楠峰光，第2節　髙原朗子）

第3章　心理劇治療の実際(1)──方法（実践）──

　筆者らは，それぞれの年齢やニーズに応じたグループに分けた療育やキャンプを定期的に実施しており，その中で心理劇を導入している。そこで本章では，それぞれのグループ，キャンプにおける心理劇の実際を紹介する。

　なお，本章では，知的障害をMR，自閉症をAut，アスペルガー障害をAs，広汎性発達障害をPDD，注意欠陥多動性障害をADHDと記すことがある。

1.「寺子屋さくら」における実践

(1)「寺子屋さくら」とは

　「寺子屋さくら」とは，児童期の広汎性発達障害児に対し種々の療育を行い，その適応力を伸ばすことを目的とした療育グループであり，知的障害者通所更生施設Z更生センターの地域福祉活動として行っている。言語会話能力を基準に2つのグループに分け療育を行っており，その能力の高いグループ（主に軽度発達障害）に対して心理劇を導入している。対象児は約10名で，全員がPDD，あるいはADHDの診断を受けている。

表 3-1 「寺子屋さくら」の療育プログラム（例）

時　　間	内　　　　容
10：00〜	朝の集まり ・黙想　・挨拶　・出席確認 ・日付確認　・天候確認
10：10〜	動作訓練（サーキット）
10：30〜	課題学習 （上位概念，属性の学習）
10：45〜	休憩（トイレ，水分補給）
10：55〜	**心理劇**
11：25〜	おやつ　　紙芝居　　自由遊び 保護者との情報交換
11：50〜	帰りの集まり ・インタビュー　・挨拶

(2) 療育内容と心理劇の位置づけ

「寺子屋さくら」の療育プログラム（例）を表3-1に示す。療育は，原則として月2回土曜日に約2時間実施しており，心理劇は，他者理解，イメージの共有を促進させることを目的に毎回導入している。

(3) 心理劇の実施方法

約10名の対象児に対し，6名のスタッフが療育にあたる。心理劇の際は，この6名のうち1名が監督，他の5名が補助自我の役割を担い，ウォーミングアップ→劇化→シェアリングの流れで30分程度行う。定期的に外部講師（臨床心理士）に参加してもらい，スーパービジョンを受けている。他の実践で紹介する心理劇で行っているような基本的な約束事（①秘密の遵守，②参加意思の尊重，③皆「〜さん」づけで呼ぶ，④役割解除を必ず行う）については，このグループでは必ずしも必要としない。

ここで，イメージの共有という点において大きく変化の見られた日の心理劇を紹介する。

第3章 心理劇治療の実際(1)　　　　　　　　45

ある日の「寺子屋さくら」の心理劇

(♯1)
　ウォーミングアップとして，右隣の人の名前を紹介する（図3-1）。

（吹き出し：となりの人はM君です）

図3-1

　ウォーミングアップ後の監督の「今日の劇は？」の問いかけに，1人のPDD女児が「パーティー，ケーキ作り」と言い，それを劇化する。補助自我が冷蔵庫，卵，電子レンジ，水道，小麦粉，牛乳，子供等の役割を取り，子供たちがボールに材料を入れ，レンジで焼き，デコレーションして，でき上がったケーキを食べるところまでを劇化する。劇の流れの中で，補助自我が必要に応じて必要な道具や材料となって登場し，子供役の補助自我が「卵を入れよう」，「ぐるぐる混ぜよう」，「オーブンに入れよう」等と必要な手がかりを与えた。一連の流れの中で参加したどの対象児も場から離れることなく，同じ活動に取り組むことがで

きた。
　シェアリングで主役の PDD 女児は「小麦粉を入れて，卵を入れて，ケーキを焼きました，どうもありがとうございました」と言う。

(4) ま と め

　ここでは，学童期の広汎性発達障害児を対象にした心理劇の実践を紹介した。1人の対象児が持つイメージを劇化し，他児もそのイメージを共有することができた。心理劇を継続的に実施することにより，最初は心理劇の場から離れてしまったり，自分勝手に演技したりしていた対象児が，先に紹介した心理劇を契機に1つのイメージを共有できるようになってきた。本グループにおける心理劇は，学童期が対象になっていることもあり，即興で行うごっこ遊びといった色彩が強い。ただし，道具を使ったごっこ遊びとは異なり，イメージを共有しながら行為化しなければならない点が特徴的である。その際，療育者は，対象児のイメージが喚起されるよう，実践例で示したように様々な物の役割を担う，必要な手がかりを与える等，他の大人のグループで実施する心理劇に比べるとより介入的である。

　また，子供に対する心理劇では，ウォーミングアップ自体が，単に劇への意欲向上というだけでなく，より積極的に学習の機会としてとらえることができる。実際に「寺子屋さくら」における心理劇では，フルーツバスケット，目隠しの状態で声だけを聞いて誰の声かを当てる（図3-2），今の気持ちを体で表現する（図3-3-a，3-3-b），やまびこゲーム（図3-4）等をウォーミングアップとして実施し，言語，社会性，模倣等の発達を目指している。

第3章 心理劇治療の実際(1)　　47

図3-2

図3-3-a

図3-3-b

図 3-4

2. 「青年学級」における実践

(1) 「青年学級」とは

　高機能広汎性発達障害を有する青年, 成人に対して, 心理療法, 生産活動, 学習訓練を実施し, 日常生活の中で溜まった緊張・不安・ストレスを発散, 昇華させるとともに, 耐性を強め, 社会適応力を高めることを目的とした療育グループであり, 知的障害者通所更生施設Z更生センターの地域福祉活動として行っている。現在10～15名のAs者, 高機能Aut者が登録, 常時10名前後の対象者が療育に通ってくる。対象者の中には, 一般就労している者や大学に通っている者もいる。

(2) 療育内容と心理劇の位置づけ

　「青年学級」の療育プログラム（例）を表3-2に示す。療育は, 月2回土曜日に2～5時間程度行っている。心理劇はその療育の主たる活動として行われ, ①対象者の内的世界の客観的把握, ②対人的社会技能の向上, ③言語表出の促進, ④ストレスの軽減, ⑤より適切な情動表出の促進等

表 3-2　「青年学級」の療育プログラム（例）

時　　間	内　　　容
10：00～	始まりの会
10：15～	**心理劇**
12：00～	昼食
13：30～	学習訓練，レクリエーション　等
14：30～	お茶会
15：00～	終わりの会

を目的にしている。心理劇のテーマとしては，ⅰ）対象者自身が経験したこと，あるいは経験してみたいこと，ⅱ）現実からかけ離れている（現実には実行することができない）ことで想像していること，ⅲ）意識の中で固着的に考えていること，ⅳ）日常生活の中で悩んでいることや困っていること，等が取り上げられる。

(3)　心理劇の実施方法

「青年学級」では，月に1回は必ず心理劇を実施するようにしている。As者，高機能Aut者等，約10名を対象に，監督1名，補助自我5名前後（療育スタッフやボランティア）が参加し，ウォーミングアップ→劇化→シェアリングの流れで約1時間程度行う。監督は，心理劇のワークショップ等で訓練を受けた者が行い，定期的に外部講師（臨床心理士）に参加してもらい，スーパービジョンを受けている。心理劇の中で，自由な発言や演技が保障され，安全な場となるよう，a．参加の意思を尊重する，b．劇中に他者の批判をしない，c．劇中のことはセッション終了後口外しない，d．対象者もスタッフも心理劇の中では同等の立場であることを確認するためにお互い「～さん」付けで呼び合う，e．劇後は役割解除を必ず行う，を基本的な約束事としている。

それではここで，「青年学級」の中で実施されたある日の心理劇（高機能Aut者〈A男〉が主役となった劇）を紹介する。

ある日の「青年学級」の心理劇1

(#2)
　電車に乗ってCDを買いに行きたいというA男の希望を劇化する。電車に乗る場面では（図3-5），自動改札にカードを入れる，アナウンスに合わせて線から1歩下がる，電車とホームの間に落ちないよう大股でまたぐ，電車の左側から降りる，等状況をイメージしながら演技することができた。CD購入の場面では，1幕終了後のシェアリングで観客から「店員に値段を言われるまでは静かに待っていた方がいい」と指摘を受けると，2幕では1幕よりも上手に演じることができる。

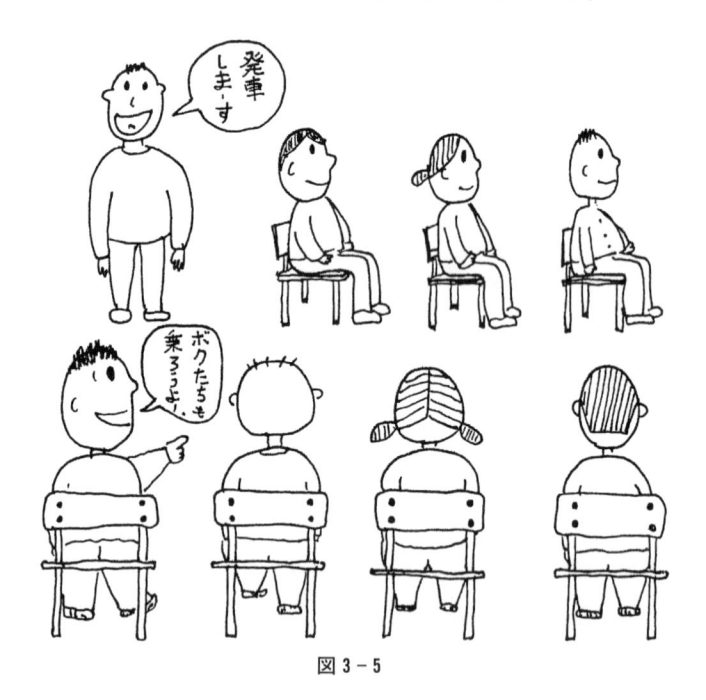

図3-5

(#3)
　偽札が使われたことをニュースで知り，その事件のことが気になると発言。「偽札」を自分の財布から捨てる劇を行う。シェアリングでは「すっきりした」と言う。その後偽札に関する発言が減る。

ある日の「青年学級」の心理劇2

● As者（B男）が主役となった劇を紹介する。

　以下に紹介するB男の心理劇の特徴は，演者が本人以外は全てスタッフであるということである。

（#4）
　B男が夢で見たというエイリアンが海兵隊と戦闘を繰り広げる場面を劇化する。本人自身がエイリアン役になり，スタッフ数名に海兵隊役を依頼。エイリアンが海兵隊を全て倒したところで劇を終了する。シェアリングで「（他の演者に対して）協力ありがとうございました。思ったよりもつまらんかった。夢の中の方が過激だった」と言う。

（#5）
　三国志の「三顧の礼」の場面を本人の希望で劇化する。本人が孔明役になり，スタッフに劉備，関羽，張飛役を依頼し，史実に忠実に再現する。シェアリングで「人物になりきれた。本当に自分が必要か寝たふりをして聞いていた。幸せだった」と言う（図3-6）。

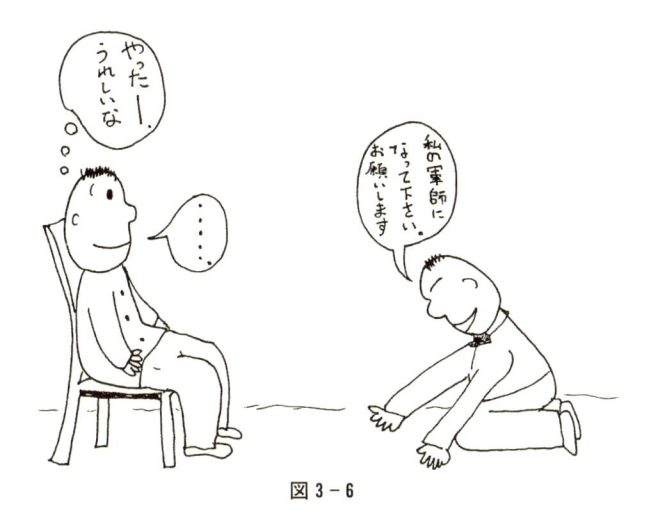

図3-6

ある日の「青年学級」の心理劇 3
●高機能 Aut 者（C子）が主役となった劇

(♯6)
　ウォーミングアップで参加者の「今の気持ち」を確認すると，C子は，「人通りの多い博多駅の黒田節の人形の前で変なおじさんがいきなり声をかけてきたので怖かったです」と発言する。
　そこで，C子の怖い気持ちを劇化する。
　C子自身の役は「青年学級」に参加する特定の高機能 Aut 者（C子が主役になる時には必ずこの高機能 Aut 者に自分自身の役を指名する）に，そのダブルを補助自我であるスタッフに依頼し，C子自身はその様子を見たいと言う。その他，黒田節の人形，変なおじさん，自分の両親，親戚，友人等の役を他の参加者に指名し劇を行う。
　1幕では，博多駅の黒田節の人形の前で変なおじさんに声をかけられる場面を劇化する。ここでいったん劇を止め気持ちを確認後，次幕に移る。
　2幕では，C子の自宅の場面を劇化，自宅で両親に怖い思いをしたことを伝える。さらに，C子から，自分の怖い気持ちを次の日に，あるJRの駅の公衆電話からおじさんに伝えた場面も劇化したいという希望があったため，3幕ではその場面を劇化。ここで，C子自身に自分の気持ちを劇の中で表現して欲しいという監督の意図から，C子の両親役とC子自身で話し合う場面を設定する。C子も自身の役として参加することを納得する。
　話し合いが終了すると芸能人の一行が現れ，歌を披露しC子を励ます。最後に参加者全員がC子を励まし劇を終了する。シェアリングでは表情よく「元気になりました」と言う。

(4) まとめ
　ここでは，「青年学級」における心理劇の実践を紹介した。そこで，例示した事例にとっての心理劇の意味を考え，心理劇を実施するにあたって

の留意点についてまとめを行う。

　A男は心理劇参加当初，自分の不安について，人前では言ってはいけないという観念を抱いているためか，なかなか表現することができなかった。思わず独り言のように言ってしまうこともあったが，すぐに「言ったらいかんね」とスタッフに確認していた。このようにA男は「〜ねばならない」観が非常に強かったが，心理劇体験を重ねるうちに自分の思いを心理劇の中で表現できるようになってきた。心理劇の場が自分の思いを表現してもよい安全な場であると理解できてきたのであろう。

　実際の劇の中で，自分の経験したいことを即興で演じ，観客として参加したスタッフから助言をもらうことで，言語会話訓練としての効果が得られたし，また，気になっていることを実際に行為化することで，固着した観念を昇華させる契機となったのではないか。日常生活場面では何かと「〜ねばならない」観が強かったA男が，心理劇の場面では自分の思いを率直に表現できるようになってきたことは何よりも意義のあることではないかと思う。

　B男については，自分のファンタジーの世界を劇にするようになるまでに時間がかかった。当初は「心理劇で人の心がどうやってわかるんだ」などと言い，劇に参加すること自体を拒否していた。ある日の心理劇で始まりを告げると，「お腹が痛い」と言って部屋から出て行こうとした。監督が「この部屋の中には，いて下さいね」と声をかけると，B男はその場で寝転んでしまった。そこで，監督はその場にいる他の参加者にも寝転がるよう呼びかけ，そのままで今気になっていることについての話し合いを始めた。そうすると最後にB男も思わず最近気になっているテレビ番組の話をした。その次のセッションで夢をテーマに心理劇を行い，スタッフが見た猿に襲われる夢を劇化すると，B男は猿役になり生き生きと演技をした。それを契機に自分の見た夢についても話し，実際に劇化することができた。以来，心理劇の中でしばしば自分のファンタジーの世界を表現することを希望するようになる。その内容には，日常生活の中で周囲から疎外

されていることへの不全感や，有能感を得たいという願いが投影されているとも受け取れる。劇中の演者が，本人以外全てスタッフであったことが，よりリアルな劇を可能にしたと言える。

　C子は当初，自分の身内や友達の結婚披露宴の場面ばかりを劇化したがり，パターン化されていた。しかし，心理劇に参加する経過の中で先述したような自分自身が困ったこと，嫌だったことを劇化できるようになる。そして，シェアリングでの発言内容，その際の本人の表情を観察していると，多少なりともカタルシス効果があったものと考えられる。劇の内容自体は，自分自身の嫌だったことを忠実に再現した後必ず「芸能人」が現れ本人役を励ますというものであったり，自分自身の役を必ず同じ参加者に依頼したり，とパターン化されている部分はあるものの，テーマ自体がパターン化されていた時期に比べると，表現内容が豊かになったと考えてもよいのではないだろうか。しかし一方で，パターン化した劇の内容でもカタルシスが得られるところに自閉症者に対する療育の手がかりがあるのかもしれない。また，自分自身の役を同じ人物に依頼しながらも，監督の促しで本人が自分自身役のダブルになったり，役割交換によって最終的には自分自身の役をしたりする場面も見られるようになる等，柔軟性も見られだした。

　広汎性発達障害者へ心理劇を実施するにあたっての基本的なルールは既述した通りであるが，広汎性発達障害者への心理劇では，監督はもとより，補助自我の役割が重要である。先の実践例にも示したように，補助自我は助言者，鍵となる役者，ダブル等の機能を持ち，いずれの場合も心理劇の実効を上げるためには欠かせない存在である。従って，監督は補助自我と十分に連携を取り合いながら劇を進行することが重要であり，補助自我は監督の意図を汲み取りながら対象者の自我を助けていかなければならない。その一方で補助自我が監督の意図と異なる自発性を発揮した場合でも，それにより対象者から意義のある情動表出が見られた場合等には，監督は柔軟に対応する必要があるであろう。また，Ｂ男の心理劇にも見られ

るように劇の内容によっては，本人以外の演者を全てスタッフが行う等，劇の構造自体にも配慮が必要である。もっとも，劇を実施する前提条件として，監督や補助自我は対象者の生活状況や状態像についての理解はもちろんのこと，広汎性発達障害のもつ認知特性や情動表出の仕方についても共通に理解しておく必要がある。

　6年を超える「青年学級」活動の中で，対象者はお互いに協力したり気遣ったりするようになってきた。そうした効果は，「青年学級」という集団が同じような感覚を持つ似た者同士で構成されており，お互いに脅かされないという安心感の中で交流が深まったことによるものではなかろうか。心理劇はそうした交流を深める絶好の場として機能したといえ，ピアカウンセリングとしての効果も大いに期待できる。

3.「桜花塾」における実践

(1) 「桜花塾」とは

　「桜花塾」とは，中学生から大学生といういわゆる思春期を迎えたアスペルガー障害児・者に対し，具体的な科目活動を含む2泊3日の自己修養型の訓練合宿を試み，非社会的傾向の是正と健全な人格育成を図ることを目的とした訓練キャンプである。毎回，対象者を4名前後に絞って実施している。対象者は皆，専門医によりアスペルガー障害の診断を受けている。

(2) 療育内容と心理劇の位置づけ

　「桜花塾」では，茶道，道徳，武道等の科目活動を実施し，それらの活動にチューターと呼ばれる個人教授とともに参加，チューターの動作を規範として行動することが求められる。心理劇は，訓練合宿の最後のプログラムとして実施し，合宿全体のまとめ，対象者の自己評価，クールダウンの場として位置付けている。自己修養型の訓練合宿の全体のまとめ，自己評価という意味合いから劇のテーマは，「将来の自分」としている。

(3) 心理劇の実施方法

　4名前後の対象者に対し，監督1名，対象者のそれぞれのチューターが補助自我として参加。心理劇の具体的な実施方法や留意点については，「青年学級」における心理劇と同様である。

　それではここで，「桜花塾」の中で実施されたある日の心理劇を紹介する。

ある日の「桜花塾」の心理劇1

（#7）

　AsであるD子が描く「将来の自分」である「科学者になってロケットを作る」という劇を行う。D子自身が科学者になり，ロケット，上司，同僚，燃料会社の社員の役をスタッフが担う。

　ロケットの発射を試みるが不発に終わり，上司から報告を求められた科学者役のD子は「ねじが1本足りず，エンジンがないのに飛ぶはずありません」とおどけて報告する。上司から修理を指示され，2回目の発射に望むがやはり不発に終わる。「燃料が入っていないのに飛ぶわけないじゃないですか」とやはりおどけてみせる。燃料を入れ，3回目の発射に臨み，見事成功する。上司，同僚と握手を交わしたところで劇を終了する。

　シェアリングで感想を求められると，「こんなところで，ドジするわけないですよね」と言う。

ある日の「桜花塾」の心理劇2

（#8）

　AsであるE男が描く「将来の自分」である「自由人」について劇を行うことになる。ただし，E男本人は役割を取ることを拒んだため，補助自我が同じAsであるF男にE男役をやってみてはどうかと打診，F男も承諾する。E男が本名を出して欲しくないということで，ペンネームの「おにぎり」役ということになる。

　「おにぎり」役のF男はだらだらと寝転がっている演技をする。他の

参加者が「火事だー」と叫んでも取り合わず，ちょっと起き上がっただけでまた寝転がってしまう。その後知人が訪ねてきて「おにぎり君一緒に遊ぼう」と言っても「留守です」と追い返してしまう。「ゲームをしよう」と別に訪ねてきた友達は家に上げ，一緒にゲームをする。友達役である補助自我から「おにぎり仕事は？」と聞かれると，「明日バイトが入っている」と答える。ゲームをしている途中で監督が「こうやっておにぎり君の生活は続きます」と言い，手を叩いて劇を終了する。

シェアリングで，「おにぎり」の役をしたF男は「自由人というよりダメ人間だ」と発言，監督からやってみて楽しかったか？と聞かれると「ちょっと身につまされた」と答える。E男自身は，監督から感想を聞かれると「普通」と答え，更に監督が「こんなもの？　F男君は似ていた？」と聞くと，「絶対違う，50％（似ていた）」と答える。

(4) まとめ

「桜花塾」における心理劇は，支援を受けるというよりも自らの力で困難に打ち克っていくことを目的とした自己修養型の訓練合宿の最後のプログラムとして実施され，対象者も4名前後と少ないことが特徴的である。そこで，心理劇では，自分自身を見つめ直す作業が求められる。

ここで紹介した2つの心理劇は，一方は現実にそぐわないような高い自己評価を持っており，それをよりファンタジックに表現しているように感じられるし，もう一方は現実からの逃避を表現しているように感じられる。その一方で，他者の発言である「自由人」を実際に演じてみたF男からは，「自由人というよりダメ人間」，「ちょっと身につまされた」といった発言も聞かれ，実際に行為化し体験したことで，自己への気づきが促されたのではなかろうか。

知的な能力は高いにもかかわらず，嫌なことからはすぐに逃避してしまい自分のファンタジーの世界に没入しがちなアスペルガー障害児・者に対して，自己修養型の訓練合宿を実施し，その最後のプログラムとして心理

劇を導入することで,「自分の将来」について考え,それを行為化し体験する機会となる。その体験を通して自己への気づきを深めることができれば, As者のファンタジーの世界と現実とを結ぶ架け橋となることが期待できるのではなかろうか。

4. 福祉施設における実践

(1) 福祉施設について

　ここでは,知的障害者通所更生施設Ｚ更生センターにおける実践を紹介する。知的障害者更生施設とは,「18歳以上の知的障害者を入所させて,これを保護するとともに,その更生に必要な指導及び訓練を行うことを目的とする施設」(知的障害者福祉法第18条第2項)である。Ｚ更生センターには,毎日(日曜を除く)40名の知的障害者が通所している。

(2) 療育内容と心理劇の位置づけ

　Ｚ更生センターの活動は,療育活動,作業活動,文化活動の3活動から成る。利用者は,その能力や適性に応じて複数の療育や作業訓練を受けている。心理劇は,療育活動の一環として,社会生活技能の向上や施設内でのトラブル解決を目的として実施されている。

(3) 心理劇の実施方法

　Ｚ更生センターでは,言語会話能力を基に2つの心理劇グループ(Ａグループ,Ｂグループ)を作っている。メンバーの構成については年度の初めの年間計画の中で決定し,特別な理由がない限りその1年間はメンバーの入れ替えは行わない。各グループ,原則として2週に1回実施。監督1名,補助自我1～2名がスタッフとして参加し,ウォーミングアップ→劇化→シェアリングの流れで約1時間程度行っている。監督,補助自我はＺ更生センターの指導員が行い,特に監督については心理劇のワークショッ

プ等で訓練を受けた者が行うようにしている。定期的に外部講師（臨床心理士）に参加してもらい，スーパービジョンを受けている。心理劇を実施する上での基本的な約束事（a．参加意思の尊重，b．他者批判をしない，c．皆「～さん」づけで呼ぶ，d．秘密の遵守，e．役割解除を必ず行う）については，「青年学級」で行われる心理劇と同様である。

それではここで，各グループで実施されたある日の心理劇について紹介する。

ある日の「Aグループ」の心理劇

参加者：MR者，Aut者，As者，PDD者等7名

> PDD者（G男）が主役となった劇について紹介する。
> 〈1幕〉
> 　G男の「弟の通う養護学校の運動会に行かないかん（行かなければならない），知らん（知らない）人に会うのが不安」という悩みを劇化する。
> 　最初，G男は自分の不安を劇化することを「いやできん（できない）」と拒むが，他のMRの参加者の1人が自発的にG男の役をやってもいいよと言うと，G男も劇化することを承知する。そこで，ミラーの技法を用いG男自身は劇を観ることにする。
> 　監督がフープを用意し，部屋の真ん中に置き，「（運動会に）行きたい」気持ちと「（運動会に）行きたくない気持ち」に分かれて綱引きをするよう促す（図3-7）。すかさず，補助自我がフープの中に入り，G男の気持ちの役をする。参加者がそれぞれの側に分かれてフープを引き合っている中，G男役の参加者はどちらの側につこうか悩んでいる。監督が「G男君役はどんな気持ちかな」と言うと，G男自身がG男役の参加者に対して，「行きたくない」気持ちの側につくよう力強く指差す。それに応じG男役は「行きたくない」気持ちの側に入りフープを引く。フープの中の補助自我が「行きたい」気持ち，「行きたくない」気持ちそれぞれの側を行ったり来たりしていると，G男自身が出てきて「行き

たくない」気持ちの側に入り力強くフープを引く。フープの中の補助自我は、一気に「行きたくない」気持ちの側に傾く。そこで監督は手を叩きいったん劇を止め、感想を聞く。

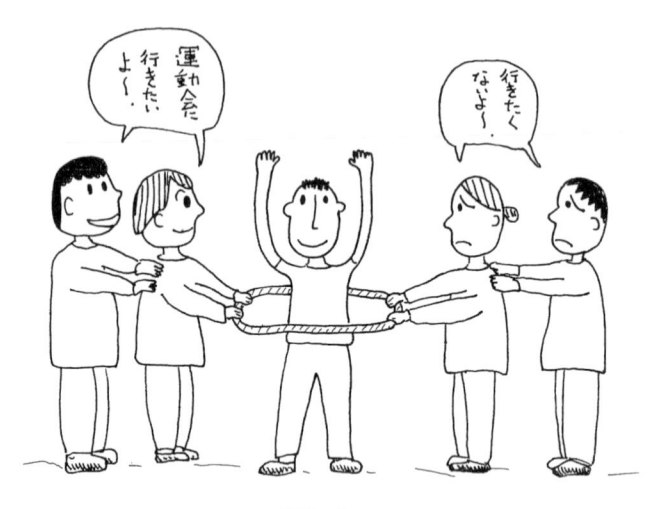

図 3 - 7

シェアリングでは、参加者から「行きたくない所でも、行った方がいい」という意見や「行きたくない所には、行かない方がいい」という意見の両方の意見が聞かれる。G男役をした参加者からは、「G男の気持ちが分かる」という感想が聞かれ、G男自身は「行きたくないけど、頑張る。頑張った方がいい？」と感想を述べる。補助自我からは「G男がお父さん、お母さんに自分の気持ちを伝えられるといいな、と思いました」という意見が聞かれ、2幕ではG男が自分の気持ちをお父さんお母さんに伝える劇を実施する。

第3章 心理劇治療の実際(1)

〈2幕〉
　2幕では,「(運動会に) 行きたくない」という気持ちを両親に伝える劇を行う (図3-8)。ここでは, 補助自我がG男のダブルに付くことで, G男自身が観客でなく演者となって参加することができる。ダブルに付いた補助自我が, 両親に守って欲しいことを訴えると, G男自身も「お父さんとお母さんに守って欲しい」と両親役に伝えることができた。最後のシェアリングでは「(両親に) 言えてよかった, 頑張って行こうか」と言う。

図3-8

ある日の「Bグループ」の心理劇
参加者：MR者, Aut者等6名

　Aut者（H男）が主役となった劇について紹介する。

〈1幕〉

　H男がウォーミングアップで表情カード（普通・嬉しい・悲しい・怒り）の中から「怒り」のカードを選択する（図3-9）。理由を尋ねると「I男君（同じ施設に通所する他の利用者）がねー，J男君（同じく同じ施設に通所する利用者）のことをうるせーとか言いよるけん（言っているから），H男（自分の名前）が警察に捕まるぞって言ったと」と言い，ホワイトボードに「洋ナシおばけ（本人が作ったキャラクター）が怒っている絵を描く。監督が，H男もこのおばけのように怒っているのか尋ねると，「おこっとー（怒っている）」と答える。

　H男自身は，I男役を希望し，H男役，洋ナシおばけ役をスタッフに依頼する。H男がI男役になり，怒った表情を作り，両拳を上に突き上げ飛び跳ねながら，「J男うるせー」と言う。H男役の補助自我は最初「I男君がうるせーやら言いよる」と批判的な発言をしていたが，途中からI男役のH男と一緒にJ男に対する怒りを表現する。シェアリングでは，「すっとした，よかった」と言う。

図3-9

〈2幕〉
　2幕では，役割を交換し，H男は自分自身を，スタッフがI男役となる。I男役，洋ナシおばけ役の補助自我が怒りを表現，H男は「I男君そんなこと言ったら警察に捕まるよ」と言う。更に補助自我がH男のダブルに付き激しい口調で「I男君そんなこと言ったらいかん」と言うと，H男も大声になり「I男君そんなこと言ったらいかん」と言う。それに対してI男役と洋ナシおばけ役の怒りが終息し，劇を終了する。シェアリングで「(H男が注意をしたことでI男の怒りがおさまったことに対し) 良かった」とはっきりとした口調で言う。

(4) まとめ
　ここでは，福祉施設における心理劇の実践を紹介した。「Aグループ」では，対象者が普段は「～ねばならない」という教条主義的な固着観念からなかなか言うことができずにいた本当の気持ちを心理劇という安全な場で表現することができ，さらにはなぜ不安になるのかについても焦点化することができた。このケースについては，その後家庭に連絡を入れ本人の思いを保護者に伝えた。保護者は，本人が運動会に行くことを本当は不安に思っているとは露知らず，いつも「行かなければいけない」と言っているので，てっきり行きたいのだろうと思っていたとのことであった。この心理劇を契機に施設生活において自分の嫌な気持ち，不安な気持ちを職員に表現することができるようになり，家庭との連携も深めることで，以前は頻発していた本人のパニックも減少していった。「Bグループ」の心理劇でも対象者はこの心理劇を契機に他者の怒りに反応してパニックになることが減少した。このように，福祉施設での心理劇では，その結果を日常の指導，支援に即活かすことができる点，日常の施設での生活における利用者同士の人間関係を調整できる点等が特徴である。また，もう一つの特徴は，グループのメンバー構成が異障害混合である点である。AutやAsも含むPDD群に比べると，共感性が高く指向性の多様なMR群がメン

バーに入っている効果については,「Aグループ」の心理劇にも表れている。また，知的障害を伴う広汎性発達障害の場合,「Aグループ」で利用したようなフープ,「Bグループ」で利用したような表情カード等視覚的に分かりやすい教材を利用することも重要である。

5. 療育キャンプにおける実践

筆者らが実施する療育キャンプの中で，心理劇を導入している「林間学校」について紹介する。

(1) 「林間学校」とは

高機能広汎性発達障害者を対象に，自立，自助の生活訓練及び教育的働きかけを通してその健やかな心身の発達を図り，社会適応力を高めることを目的とした2泊3日のキャンプで，年に1回夏期に実施している。対象者は,「青年学級」の対象者が中心である。日常の生活環境と異なる山間部の個人の別荘，山小屋，宿泊施設を利用してキャンプを行っている。

(2) 療育内容と心理劇の位置づけ

心理劇は，キャンプの主たる活動として，1日1セッション，計3セッション行っている。心理劇を実施する目的，進め方は「青年学級」と同様であるが，山間部という日常と異なる環境で実施することが，心理劇に何らかの影響を及ぼすのではないかと考えている。

(3) 心理劇の実施方法

対象者は「青年学級」の対象者が中心であるが，キャンプということで通常の「青年学級」に比べ多くの学生ボランティアが参加することが特徴である。従って，As者，高機能Aut者等10名前後の対象者に対し，監督1名，補助自我10数名（療育スタッフやボランティア）が参加するこ

とになる。心理劇の具体的な実施方法や留意点については,「青年学級」における心理劇と同様である。

それではここで,「林間学校」の中で実施されたある日の心理劇を紹介する。

ある日の「林間学校」の心理劇
ここでは,心理劇の監督を「Dr.」,野球の監督を「監督」と表記する。

> Asである青年K男から,プロ野球のある球団の選手が練習に遅刻してきて,監督から1時間正座を命じられたことが気になるので劇にしたいと申し出があり劇化する。Dr.からどうしてそのことを劇にしたいのか問われると「遅刻をしてはいけないということを皆に伝えたいから」と答える。
> 　K男自身は監督の役を希望し,遅刻した選手,記者の役をスタッフに指名する。
> 　球場で監督役のK男が,新監督就任の記者会見を受け,「今後は管理野球でいきます」と言っている最中,選手役の補助自我が「すみません,遅刻しました」と入ってくる。監督役は記者会見を中断し,「ばかもん,練習に遅刻してくるとは何事か,1時間正座しとけ」と大声で怒鳴り,迫真の演技をする。ここで,監督はいったん劇を止め1幕を終了させる。シェアリングで「監督就任初日に練習に遅刻するとは何事か,4番に座ったからといって好き勝手は許されない,遅れるのであればマネージャーを通じて伝えられるべき」と発言する。
> 　Dr.から次にマネージャー役を決めて劇をしましょうと提案されると,K男は「事実と違うから」と拒否するが,Dr.の説得により「監督付きの広報」という形で承諾する。そこで2幕では,監督付き広報役を入れて劇を行う。
> 　球場で監督役のK男が,新監督就任の記者会見を受けている場面を同様に行っていると,監督付き広報役が「監督,今電話があって○○選手から遅刻するという連絡でした」と報告すると,監督役のK男は怒りを表すことなく「仕方ないです」と言う。そこへ,選手役が遅刻して現れ

るが，「しっかり練習して試合感を取り戻すように，今度週末には（一軍に）上げるから」と優しい言葉をかける。その後も記者会見は続き，会見終了後劇も終了となる。シェアリングでは，「理由があって遅刻するのにマネージャーから事前に連絡があるのはいいこと」と言う。

(4) まとめ

　ここでは，K男を主役とした劇を取り上げたが，「青年学級」にも参加しているK男は，「青年学級」の心理劇では気になっていることを話しても，それを劇にすることは頑なに拒むことが多い。実際に劇化できたとしても（本人の中で）事実と異なる劇の促しを受け入れることはまずない。しかし，「林間学校」の心理劇では，非常に積極的で，実際にここで紹介した劇についても「林間学校」が始まる前からこの劇をしたいとスタッフに訴えており，さらには（本人にとっての）事実とは異なることでも妥協して受け入れることができている。明らかに「青年学級」と「林間学校」の心理劇を分けているようである。これは，参加するメンバーはほとんど変わらなくても，心理劇を行う環境が日常とは異なっていたことが関係していると考えられ，年1回の療育キャンプにおける心理劇の特徴と言えるであろう。このことは，日常定期的に心理劇を受けているグループが環境を変化させることにより，通常とは異なる効果を得られる可能性があることを示していると言える。

　さらに，「林間学校」の心理劇は1日1セッション，毎日行われるため，その3セッションを利用して過去・現在・未来というテーマで心理劇を行う場合もある。一般的に時間の流れを理解することが難しい広汎性発達障害にとって，時間の経過の中で自分自身を捉える良い機会になっている。

　また，筆者らが企画・運営している自閉症児・者を対象とした社会適応訓練キャンプ（年1回夏季に実施）では，対象児・者が固定していないため，毎年初めて関わりを持つ対象児・者もいれば，キャンプでしか顔を合わせない対象児・者もおり，その中で実施する心理劇は状態像や1年間の

第3章　心理劇治療の実際(1)　　　　67

変化の評価に役立つ。
　次章では，さらに心理劇の実際を事例ごとに紹介する（図3‑10‑a，図3‑10‑b）。

（池田顕吾）

図3‑10‑a

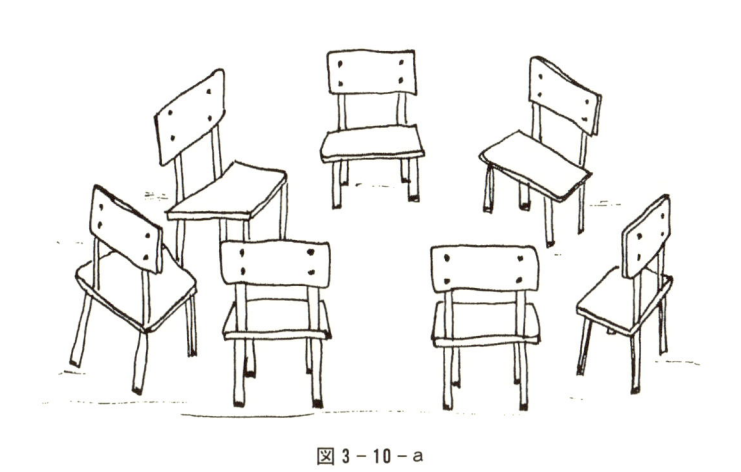

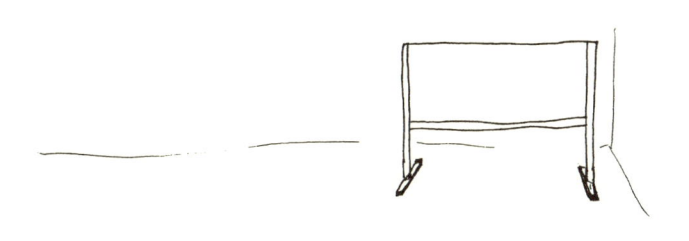

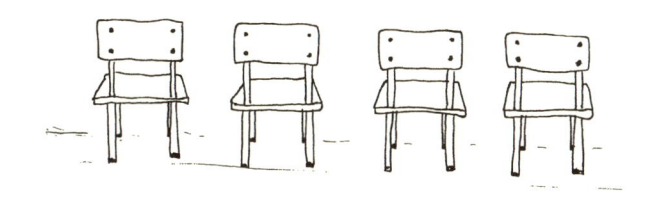

図3‑10‑b

第 4 章　心理劇治療の実際 (2)
―― 対象者への適用の実際 ――

　第4章では，第3章に引き続き，心理劇治療の実際について，具体的に事例1人ひとりに焦点を当てて，その経過や，それぞれの心理劇によってもたらされた変化などを述べる。

　なお，本章では9人の事例に対する心理劇の実際を報告する。各対象者の年齢や症状の違い，心理劇適用の目的や適用技法の違いなどから，記述の仕方が多少異なっていることをあらかじめお断りしておく。

1. 中・重度自閉症児・者に対する実践

　はじめに，中・重度の知的障害を伴う自閉性障害者に対する心理劇の実際を報告する。紹介する2人の対象者は，共に心理劇を10年以上体験しており，徐々にその効果がみられてきたため，本節では，彼らの10年間の経過をまとめている。

(1)　A太郎のドラマ
① 事例の概要
　4歳頃，自閉症と診断される。比較的対人関係はとりやすく小学校時代

は，クラスで一番パソコンもでき，また，様々なことを覚えているので，通常学級に在籍。中学校・高校に進む。しかし，思春期を過ぎた頃から，友人関係がうまくいかず，その特性ゆえにいじめられていた。それでも本人にとって「学校は行かねばならぬところ」というこだわりがあるために，休むことをせず，かえってストレスがたまっていった。高校卒業後，筆者らの関わっている施設（以下，X学園）に入所する。

② 第1期：平成3年7月〜6年3月

心理劇の様子 施行当初から演じることには興味を示し，積極的であった。結果的に父親役や先生役など他者の補助自我的役をとることも多く，施行開始年に行った3回目の『学校』というテーマの劇では，主役である学校教師役で生徒役の参加者に対応していた。他のセッションでも，一応観てはいるし，シェアリングでは何か必ず発言するが，発言内容は場面にあったこととは限らず，他者の劇にはあまり興味を示さなかった。

日常生活の様子 高校でいじめを受け，高校卒業後もしばらく在宅で引きこもっている状態であったため，X学園に入所した年から半年ほどは，心理劇や作業，入浴時間などを除いてはほとんど居室にこもっていた。1年後には徐々に指導員や他の利用者との交流が見られはじめ，特に発語のない重度の知的障害のある利用者の世話をするようになった。

③ 第2期：平成6年4月〜9年3月

心理劇の様子 41回目の劇では，「B助（同じ施設に入所している自閉症障害者）が自分のことを大嫌いというのがイヤ」と訴えたので，それを劇化した（テーマ『B助君嫌い』）。本人役を自分で演じ，B助役（B助自身と補助自我のダブル）に「大嫌いとか言わないで」と伝えていた。監督は援助技法としてダブルだけでなくミラーも利用し，1時間かけての本格的な劇の始まりとなった。他の参加者もこの状況を学園内で知っているため，かなり深く劇に入り込むことができた。シェアリングでは「だんだん嬉しくなってきた」と言い，表情が穏やかになった。その後，48回目の劇でも，「最近あった嫌だったこと」について，「U君たちが自分の後ろか

らわあーっと来た」と言うので，それを劇化した（テーマ『U君嫌い』）。実際やってみると，Uが後ろから飛びかかり，A太郎をくるくる回す場面を再現した。本人の役を補助自我が演じ，代わりにそこで感じたつらい気持ちを「やめて，嫌だよう」など言って表現すると，それを真剣に観ていた。

日常生活の様子　この頃は，毎夜決まった時間に自宅に電話しないと落ち着かないことが続いた。少し元気がなかったが学園内でのトラブルなどはなかった。しかし，心理劇場面では指導員が気づかないような他の利用者とのトラブルを口にすることが増え，それらをテーマとして取り上げてもらいたがった。

④　第3期：平成9年4月～13年5月

心理劇の様子　A太郎はこの期を通して他の参加者からよく父親役としての指名を受け，それに応じて父親らしく演じることができた。83回目の『修学旅行』というタイトルの劇では，過去の思い出を尋ねた時に「高校の修学旅行のとき沖縄に行って楽しかった」と言った。しかし事実は，高校ではひどいいじめにあっており，修学旅行も行くには行ったがいつも教師と2人で行動したということを監督は保護者から聞いていた。そこで，友達と一緒の楽しい修学旅行の場面をB子にイメージしてもらい，それを劇化した。この劇の後，他の劇でも他者を思いやる言動が増え，「友達だからさー」，「～君はいい人だ」など言うようになった。

日常生活の様子　第3期では，筆者をはじめ何人かのスタッフに不安をうち明けた。また，心理劇でも旅行の劇を好んだが，実際に両親と旅行したところに学園の皆で行きたいと要求するなど，気持ちを伝えることが増えた。

⑤　事例の整理

　A太郎は，生育上の様々な負の体験（いじめ等）のために，抑うつ的で対人関係に支障をきたしていた。しかし，第2期で，施設内での自分にとって不愉快な人間関係を口にし，劇化したことがきっかけで，その後は

積極的に劇に参加するようになった。第3期には，つらい過去の体験（『修学旅行』など）を仲間との楽しい思い出に再現しなおすことによる心の癒しと思われる劇を好むようになった。

(2) **B助のドラマ**
① 事例の概要
　自閉症と3歳時に診断される。小・中・高校と養護学校在籍。カレンダーを覚える，一度会った人の年齢・住所などを忘れないというこだわりがある。発語はゆっくり片言で話す。
② 第1期：平成3年7月～6年3月
心理劇の様子　黙って観ているか，もしくは独言が多かった。第1期での唯一の主役は，第8回目の『動物園』というテーマの劇であり，本人が独言で動物の名前を羅列するため，それを劇化したものであった。嬉しそうに「○さんはゾウ，△さんはカバ……」というように役を割り当て，自分は動物園を巡るという役を演じた（図4-1）。他の劇では，その他大勢の役ばかりであった。

図4-1　動物園巡り

日常生活の様子　マイペースで自分のパターン化された応答を繰り返すことが多かった。作業の中では養鶏に強い関心を示し，よく鶏の世話をしていた。また日常生活でも鶏に関する話題が増えた。

③　第2期：平成6年4月～9年3月

心理劇の様子　主役をしたセッションはなく，観客か，他者と同じような役のみであった。しかし，41回目の劇でA太郎が主役として行った劇（『B助君嫌い』）では，当事者であるB助が本人役をとることになった。もちろんB助が拒否すればそのような役はしなくてもよかったのだが，B助は拒否しなかった。自分のことが話され，劇化されようとしていることはB助にわかったようで，すぐに顔色が変わり，劇が始まってない時から「ごめんなさい」と言っていた。監督は，B助が傷つかないように「大丈夫ですよ。心理劇では皆自由に言いたいことが言えます」と言って励まし，ダブルとして補助自我を傍においた。そして，どうやったら気持ちよく仲良くできるかを他の参加者の意見を聞きながら劇を進めたところ，B助自身からA太郎に「握手」と言って手をさしのべた。

日常生活の様子　毎年10月に行われる運動会で，入所してから3年目までは，たまたま赤組であった。しかし，入所4年目の運動会にて白組に割り当てられたところ，体調不良となった。家族の指摘によると，物事を○か×かで判断する本人にとって白は×であったため，ストレスがかかったのでは，ということであった。そこで，次の年度から赤組に必ず所属させるように配慮すると，体調は落ちついた。

④　第3期：平成9年4月～13年5月

心理劇の様子　上記のように物事を○か×かで二分するというこだわりを軽減できないかと，B助のために設定した100回目の劇『運動会』では主役を演じた。B助は予想通り赤組のメンバーになりたがった。しかし，監督の介入で白組に所属させると，初めはイライラしていたが，劇の途中から，「あきらめなねー（あきらめなくてはね）」，「どっちでもいいね」と言うようになった。また，B助はユニークな発言をするが，以前はそれらの

発言を誰も認めていなかった。それらが，皆が認め本人の発言を面白がるようになったので，とても楽しそうであった。さらに，複数のセッションで主役をするようになり，この頃から他者の世話をしたがるようになった。

日常生活の様子　この頃からワープロ操作を覚え，自分の好きなことを打ち込んでプリントアウトして楽しむようになった。また，家庭では母親が短期間入院したことがあったが，その時はB助自身も体調が悪くなった。また家から電車で一人で施設に戻るようになり，ワープロでも電車の駅や運賃の一覧表などを作成するようになった。運動会の劇を行った後は，日常生活でも赤白へのこだわりが弱くなった。

⑤　事例の整理

B助は，第2期までは，その場の状況把握自体が難しかった。しかし，第3期に本人のこだわりを利用した赤白組に関する劇を行ったところ，自ら進んで主役になり，しかも劇後に，強かった赤組に対するこだわりが弱くなった。そして心理劇に楽しんで参加するようになった。

(3) まとめ

このようにA太郎，B助の長年にわたる劇の様子をみてきたが，ともに社会性・対人関係の向上につながったと思われる。人と交わる体験を持つことや，仲間同士助け合う機会を得ることが心理劇の場で実現できたからだと思われる。同じような悩みで傷つき合っているものが，慰め合うことで元気になっていくピアカウンセリング（Peer Counseling）の場とみることもできる。また，自発的動きはともに急増している。彼らは心理劇の場で，自分から何かすることを体得したのだと思われる。

知的レベルによる違いについては，A太郎は，他者に対して言えなかった不満を口にすることが増え，一方で，他者への援助行動は増した。B助は，未だに心理劇の状況全体を理解できているわけではないが，やることを楽しみ，心理劇に参加したいゆえに他の技能も習得することができた。

そして，これらのことは心理劇への経過のみでなく，保護者や指導員の評価からもうかがえる。

2. 高機能自閉症者に対する実践

次に高機能自閉症者に対する心理劇の実際を報告する。特にここでは，自閉症の特性がよく表れている症状である「こだわりの強さ」や「対人関係の困難性」という課題を，あるテーマの心理劇を施行したことで克服していった2人の事例を紹介する。そのため，本節では前節とは異なり，「ある日の心理劇」の様子を詳細に述べ，そこから対象者がどのように変化していったかを考えたい。

(1) C美のドラマ

本節では，高機能自閉症と診断されている30代の女性（以下，C美）に対し，4年半の間，心理劇を施行した経過を簡単に述べ，また，C美のこだわりを軽減することに寄与したある心理劇の一場面を紹介する。

① 事例の概要

中学校までは通常学級，情緒学級に通級。その後，養護学校高等部に進学。卒業後，食品関係の工場に14年間勤める。筆者とは，養護学校高等部時代に，自閉症療育グループで面識があった。C美は，心理劇施行当時，社会人として就業しており，表面的には安定していたが，自閉症に特有の症状を有していた。C美の心理劇場面でもそのような特性がよく表れていた。C美の症状として，こだわりが強い，対人関係の困難性，独自の発想に基づく社会的行動などがあり，他者とうまくいかないときにはうつ的な状態を示したり，不安症状が現出したりした。筆者らが高機能自閉症者のための療育グループ（「青年学級」）を立ち上げた時から，そのメンバーとして参加することになる。この時期からの強いこだわりで現在も続いているものとして，夏以外の季節にはマスクをしていることが挙げられ

る。

　②　今までの心理劇の経過

1年目：初回から，心理劇には参加するが，かたくなに自分のやり方にこだわり，それ以外の提案は受け入れようとしない。また，他者の劇には，観客として参加することが続く。

　また，職場の都合で参加回数も限られていた。

2年目：参加回数は増える。心理劇では自分の好きなテーマ（『家族旅行』，『結婚式』の劇）を必ず提案する。役割も参加者の個性を本人なりに考えた配役であるが，それを監督である筆者が柔軟に変えようと提案しても応じない。

3年目：社会的ニュース（花粉症・インフルエンザ等）の影響で，このころからマスクが，分厚く特別なものになる。心理劇のテーマは『家族旅行』，『結婚式』に加えて，『夏のキャンプの思い出』，『産婦人科に人を見舞う』等が加わる。役割も参加者の個性を本人なりに考えた配役である。他者の劇には簡単な役割をとることもあるが，多くは観客として過ごす。

4年目：マスクのこだわりは鳥インフルエンザやSARSのニュースによりますます激しくなるが，心理劇の場面では監督の依頼によりマスクをとって参加することができる。また，お気に入りの職員に特別な役を与えることも増える。

　③　心理劇：しもやけさん，バイバイ

　ある夏の日，彼女が心理劇をしたいと提案。内容は「夏以外の季節，しもやけになるのがつらい」と言うことがあり，本人は夏以外の季節は必要もないのに頻繁にマスクをしているが，そのことと重なるエピソードであった。本人にとって意味があると監督は感じ，劇化することになる。

　C美は演じるのではなく，監督とともに椅子に座って人が演じるのを観るという形式を選択した。いわゆる心理劇の技法であるミラーや，心理劇と近い治療技法であるプレイバックシアターに近い形式である。本人が演者を選定し，C美役を補助自我X（男性），C美の母親役を補助自我Y

(女性）が演じることとなった。

劇場面1：母親と本人の会話

　Ｃ美（補助自我Ｘ）：「しもやけが痛いから，お仕事に行くのがつらいよ，でも行ってきます」

　Ｃ美の母親（補助自我Ｙ）：「しもやけが痛いの？　撫でてあげようね」などの会話が続く。Ｃ美本人は監督の隣におり，この場面を観ながらうなずいている。補助自我Ｚ（女性）が，母親（補助自我Ｙ）のダブルとなり次のように発言した。

　Ｃ美の母親・ダブル（補助自我Ｚ）：「Ｃ美ちゃん，がんばってお仕事行きなさい。さぼったらだめよ」

すると，Ｃ美は，「お母さんはそんなこと（さぼったらだめよの部分）言いません」と，きっぱりと発言した。

劇場面2：しもやけを治したい

どうしたらしもやけが楽になるか，Ｃ美に具体的に提案するよう促す。Ｃ美の提案により「手袋」，「温かいお風呂」，「しもやけのお薬」が，話題になる。それぞれを擬人化し，役を決めて彼女の前に進み，会話する。「私をどんな風に使いますか？」，「温かいお風呂にどうぞ入って下さい」など。それぞれがＣ美を助けようと動く。本人は嬉しそうにしている。

劇場面3：「しもやけさん」との対決

「しもやけさん」も擬人化しようと監督が提案し，Ｃ美の了承を得て，2人選ぶ（補助自我Ｚと補助自我Ｑが選ばれる）。

「Ｃ美本人（本当のＣ美・ダブルである補助自我Ｘ）」，「母親」，「手袋」，「温かいお風呂」，「しもやけのお薬」がそれぞれ2人の「しもやけさん」と対決し，押しくらまんじゅうをする。はじめは，Ｃ美本人は皆の後ろにいて声も小さかった。「しもやけさん」が本人に取りすがると，本人は逃げられない。

監督は，いったん劇を止めて，Ｃ美に「しもやけさんに何て言ったらいいのかな。どうしたらいいかな」ときく。Ｃ美は「あっち行って，と言い

図4-2 しもやけさん,バイバイ

たい」と言う。C美を支える人全てが「あっち行って」と言い,「しもやけさん」は「C美さんの傍にいたいよう」と言う。最後に本人が大声で「あっち行って」と言い,「しもやけさん」を部屋の隅に追いやる。皆拍手して終了する(図4-2)。

シェアリングでは,C美は「劇をしてよかった,楽になりました」と言う。

④ 劇後の変化

その後,職場と心理劇治療の場である「青年学級」では,C美はマスクを自発的にはずすようになった。また「あの劇をやって楽になった」と,後日,何人かの人に伝える。また,次の年の同じ時期の心理劇場面でも,「しもやけさんと対決する勇気ある自分」の劇をしたいと希望してくる。

⑤ 事例の整理

C美の心理劇の経過をとおして,a.一見,パターン化された劇と思われる場合でも,その中のちょっとした変化をみることの重要性,b.本人の日常生活での思いが劇の中に反映されていること,c.心理劇の場で他

者との温かい交流を行うことができることが，彼らの自己実現のために有効であること，などが示唆された。

またこの劇では，「しもやけ」という目には見えない病気や，「手袋」，「温かいお風呂」，「しもやけのお薬」など本人の会話の中で出てくるこだわりに関するキーワードをあえて擬人化し，それぞれが感情豊かに演技することで，C美の気持ちを表現しやすくした。また，劇に参加した全ての人たちにとっても，かえってわかりやすかったため，C美の気持に共感できたと思われる。擬人化された者との会話や，やりとりを行ったことに加えて，優しい母親が本人を守ってくれるという心理体験を，劇の中でしっかり感じ取れたこともC美のカタルシスに寄与したのではないかと推察される。

このように，心理劇が言葉のみのカウンセリング場面では引き出せない内面を，ソフトにかつ若干ユーモラスに引き出すための支援となりうることが，この劇の経過からうかがうことができよう。

(2) D男のドラマ

次に高機能自閉症と診断された青年D男に対する心理劇による援助過程の報告を通して，高機能自閉症に対して心理劇を施行することの意義について述べる。D男は高い能力を有しているが，ストレスフルな状況に陥るとチックをはじめとした身体症状として現れたり，強迫的なこだわりが出現し不適応を起こすため社会的に自立することが難しいケースであった。

D男に対して10年にわたり心理劇を施行したところ，他者に対する不満やあこがれ・怒り等をストレートに表現することができるようになった。さらに，10年目の劇で，D男の1人の女性に対する強いこだわりが劇のテーマとして取り上げられ，その気持ちに直面し，傷つきながらも監督の介入やまわりの支えで癒されると，劇後にそのこだわりが消えていったことが示された。

① 事例の概要

1歳までは普通に育っていた。2歳半頃からブロック並べなど自閉性障害に特徴的なこだわりが認められた。さらに多動，言葉の遅れより4歳時に小児自閉症と診断された。中学校までは普通学級に在籍し，車のナンバープレートを瞬時に暗記するなど視覚的記銘力が強く，自閉的な症状を強く持っていた。小学校低学年よりストレスフルな状況での瞬きの頻発などチック症状を呈しトゥレット障害と診断されたが，精神科による薬物療法により改善した。中学校卒業後，養護学校高等部（寄宿制）に在籍していたが，両親はD男が高校卒業後も社会人として自立するのは困難と判断し，本人が高等部3年生の時に「自立のための訓練をして欲しい」ということで高等部を中退，当時新設された知的障害者施設X学園に入所，現在に至っている。なお，筆者はX学園の臨床心理士としてD男に入所当時よりカウンセリングや集団精神療法を通じて関わってきた。

② 心理劇：失恋

1）この劇を行うことになったいきさつ

ある年（19××年）に退職した指導員R恵に会いたいという強い欲求が続き，R恵の住所や電話番号を調べようとしたが，R恵の希望もあって教えられないと伝えるとパニックになった。筆者にもR恵の住所を教えてくれと訴えるようになった。（R恵が退職して1年後の）ある日，筆者に対して『林間学校8月4日から6日まで行く予定ですが行くの決まってるんだから4日の日に○自動車道の△パーキングエリアでちょっと待ち合わせをして一緒に来ますので（一緒に行きましょうの意味と思われる）』と書いてある手紙をR恵に渡すよう持ってきた。このように，R恵に会いたいという強い訴えが続き，現実場面で不適切な行為が起こらないともかぎらないと思われた。そのような行為におよぶことはR恵が困るのみでなくD男の人生にとって取り返しがつかない問題を引き起こすことも憂慮されたため，D男の同意が得られれば林間学校にてこのテーマで劇を行う心づもりをする。なお，本人がその話題を口にしない時は劇のテーマとして取り

第4章　心理劇治療の実際(2)

上げないことをスタッフ間で確認した。

2）場所

林間学校（第3章第5節参照）が行われた山小屋。

3）記述方法

シェアリングや劇の場面作りは簡略に記し，劇の場面は発言や動作など項目に分けて詳述する。また，その時の監督（筆者）の意図や気持ちを記述する。劇の進行上重要な部分についてはアンダーラインをつける。記号は発言・動作を行った人を表しており役割や性別は以下の通りである。

監督（筆者）

D男（男性）：D男自身，この劇の主役

M（男性）：劇1，劇3でR恵の役を演じた補助自我

I（男性）：劇3でMのダブルを演じた補助自我

Y（女性）：劇2でR恵の役を演じ，劇3でD男のダブルを演じた補助自我

G，H，K，N（全て男性）：観客であり，林間学校にD男とともに参加している発達障害者

4）ウォーミングアップ

何か劇にしたいことがあったら出して欲しいと参加者に呼びかけると，D男が積極的に自分の問題について語る。その内容は「会いたい人がいる。その人は日本で一番きれいな人で実在の人物，その人と会いたいんですが，手紙がなかなか返事がこなくてね，ちょっと忙しいから（語尾を上げて）？」であった。D男の役は本人に確認の上D男本人が演じる。R恵役には補助自我Mを指名する。

監督はR恵について質問し，R恵はどんな服装でどんな話し方をする人かなど具体的にイメージできるよう促していった。D男は表面的な容姿などはかなり細かく質問に応えられるが，しゃべり方などについてはわからないと言う。そこでロールリバーサルでD男自身にR恵の仕草や話し方を再現するよう促すが，できないと固辞した。それでロールリバーサルの技

法を用いて劇を進めることは断念する。この間視線は落ち着きなく不安げであった。またわからないことを質問すると，首を振るというチックが出現する。

監督の意図や気持ち　場所からでなく，人からイメージアップさせようと試みた。その理由は，場所からイメージアップさせることの方が高機能自閉症にとって楽であることはわかっていたが，場所からイメージさせるとそのことにこだわってしまい本当の目的であるＲ恵との関係を考えることに至らないのではと思ったからである。ある意味で予想通りそのイメージアップは難しかったので，Ｄ男はとまどったのだと思われる。

　5）場面1

　監督が「Ｄ男さんとＲ恵さんがいつものようにＸ学園で顔を合わせました」というナレーションで劇を始める。Ｄ男はＭのことをＲ恵としてみることはできており，穏やかで嬉しそうな表情で挨拶を交わす。Ｍの「今日は天気どうかな？　今日は作業とかするの？」に対して答えるが，本当に思っていることは言えない様子。2分ほどで話題がつき，お互い無言となったため監督は終わりの合図をする。

監督の意図や気持ち　ウォーミングアップでの働きかけと同じようにＲ恵のことをどのくらい理解しているかを知るために，彼がＲ恵とよく関わっていたＸ学園内のいつもの様子とのみ伝えて劇を始めた。またこの場面を再現することを通して，しばらく会うことのなかったＲ恵とのやりとりを思い出して欲しいと思った。しかし監督として補助自我にその点をうまく伝えることができず，「会いたい気持ちを再現する」場面としてはふさわしくなかったかもしれない。

場面1の感想　Ｍに感想を聞くと「（Ｄ男さんは）話したそうにはしていたけど（実際はあまり話さなかった）。もうちょっと，お話しして欲しい，自分はどうしようかなーと思いました」であった。

　次にＤ男の感想を聞くと「今の役（Ｒ恵役のＭは）きれいやった。一番全部きれいやった」と言う。監督が「（Ｒ恵さんは）もうちょっと話して

第 4 章　心理劇治療の実際(2)　　　　　　　　　　83

欲しかったと思ってたみたいだけど」と伝えると，「だってね，ご無沙汰してすみませんだから。ご無沙汰して怒ってるぞーという感じ」とはっきりと表情も交えて気持ちを伝える。

　観客のIは「久しぶりにあって恥ずかしかったのかなと思ったが，D男さんはちょっとよそよそしい感じがしました」と伝えると，D男は「忙しいかもわからんので，返事が来なくて，忙しいかもわかりません」と言う。それに対しNは「なかなか（手紙の）返事が来ないからどうしたらいいかと思っていたんじゃないか」，同じくHは「なかなかいなかった，D男さんの好きな人」と言い，場面を理解している。

　監督が「D男さんは怒っているとのことですが，今の気持ちを動作で表現して下さい」と言うとD男は椅子からおもむろに降り床に手をついてうつぶせになる。監督が「D男さん，この気持ちを言葉にしてみましょう」と促すとD男は絞り出すように「なんで来ないんだろう，こんな感じ……，どうしたら治るか？……。本人（R恵）が会ってくれないと。何で会ってくれないんだろう？　忙しいからかな？」とつぶやく。

　次の劇2では以上のことを受けてD男が「R恵先生が林間学校の場に来る劇をしたい」と明言した。そこで，D男はR恵が忙しいから自分と会ってくれないのかどうかを確認するという劇を行うこととし，R恵役としてYを指名する。

監督の意図や気持ち　「ご無沙汰してすみません」という発言は自閉性障害特有の主客転倒であり，R恵が自分に対して言って欲しい言葉を発したのだと解釈した。また，自我の脆弱な彼にとって，自分で自分の気持ちに気づきそれを口にすることはかなり難しいと判断したので，姿勢をとらせて気持ちを表現するなどの援助を試みた。この場面では本人も補助自我もうまく表現できなかったので，場面2では本人が今いるこの林間学校の場にR恵が会いに来るという場面を想定した。

　6）場面2

　監督が「そろそろR恵さんが林間学校に来ますよ」で始める。はじめ挨

拶をした後，会話が続かないので監督が少し介入し「D男さんが会いたがって，待ってたんですよ」とYに伝える。そこでYが「手紙ありがとう。返事あげなくてごめんね」と言うが，D男は「はい」と言うのみであった。この時観客のKが「聞きたいことがあるんだろう」とD男に話しかける。するとD男は突然顔をYの方に近づけてひそひそ声で，「何で手紙くれなかったの？　会いたかったよ」とYの顔を見つめて真剣に言う。Yが「ごめんね，忙しかったの」と言うと，「はい，はい，いつかみてる？（意味不明，いつか本当に会える？という意味か？）会いたかった。仕事が忙しい？」と言う。監督が再び介入し，「会えなくてすごく悲しかったんでしょう？　許せる？」と聞くと，D男はそれに対してはうつむきながら「はい。（R恵さんは）忙しいかもわからん」と言う。その時の表情は不安げで，身を乗り出してYを真剣に見つめている。Yはそれに対し発言できないでいるため，監督はストップをかける。

監督の意図や気持ち　D男が「R恵先生が林間学校の場に来る劇をしたい」と明言したので，この場面を展開しようと思った。監督のナレーションや介入はD男がイメージしやすいように行っている。D男はR恵役のYに対していろいろ尋ねているが，その内容よりYのことを確かにR恵としてイメージし，受け入れていると感じた。また場面1の感想のところと同じように「忙しいかもわからん」という発言も，主客転倒の表現であり，R恵が会ってくれない理由を自分なりに説明していると思われた。しかしR恵役の補助自我がもう少しD男の気持ちを引き出して欲しいという監督の焦りから，監督である筆者自身が，過剰に介入してしまったことも感じていた。

場面2の感想　監督が，まずD男に感想を聞くと，「手紙が届いてもお仕事で忙しくて届かれんかった（届かなかった，文法が不十分）」と言うので，「今はどんな気持ち？」と聞くと，D男は「許せる気持ち」と答える。今の気持ちを動作で表現するよう促すと，床に手足をつけるが，場面1の感想時にみせた姿勢よりは頭が上がっている。

第4章　心理劇治療の実際(2)　　　　　　　　　　　　　85

　R恵役であったYは「忙しくて手紙書けなくてごめんなさい。久しぶりにD男さんに会えてよかったです」と伝えるが，D男の目はYの方を見ず，不安そうで時折チックが出る。一方，Ｉが「会ってひそひそ話ししてたので，周りの人が気になるのかな，二人きりで話したいのかなと思いました」と言うと，それに対してD男は大きな声で「はい！」と言う。Hは「寂しい気持ちが伝わってきました」と言い，逆にGが場面を理解せず「D男さんは楽しそうでした」と言うと，D男はすかさず「どこが（楽しそうだったか）？」と否定的に聞き返し，激しい首振りのチックが出現する。

　D男の「電話をかける場面をしたい」との希望により，電話で何をしゃべりたいのか聞くと「僕が思ったことをしゃべる」とはっきり答える。そこで監督はダブルによる働きかけを設定する。D男は場面2でR恵役だったYを指名する。R恵役は即座に場面1でもR恵役だったMを指名し，Mのダブルとして I を指名する。

監督の意図や気持ち　場面1の感想でも行ったように，今の気持ちを動作で表現させたところ，頭が先の姿勢より上がっていた。このことから場面1よりは自分の気持ちを伝えられ，楽になったのではと思われた。補助自我や観客の発言でD男にとって無関心な内容と関心がある内容では，明らかにD男の反応が違うことが認められ，Ｉが「2人きりで話したいのかなと思いました」と言うと，それに対してはっきり同意していることから，次はD男の同意の元に直接対話する場面ではなく，電話で2人きりで会話する場面を設定しようと思った。

　7）場面3

　D男とそのダブル，R恵とそのダブルが2人1組で平行に座り，監督が「ルルル……（電話が鳴る音）」と言い劇を始める。スムーズに挨拶をした後，D男は急にヒソヒソ声になり「ちょっと用事があるからね，楽しいこと遊ぼうね，お父さんお母さんには内緒でね，こっそりしよう」と言いながらにやっと笑い，電話に指を当て「シーッ」の仕草が出る。Mが思わず

「こっそりするの，あまり好きじゃないなあ」と言うとD男はとたんに表情が変わり，そっちをみて「好きじゃないって何？」と言いながら，泣きそうな表情になる。それからD男は急にかわいい声になり「先生，何でお手紙の返事くれんのね，ちょっと忙しかったからかな？　僕待ってるからね，暑中見舞いのはがき下さい」と伝える。そして，さらに「R恵先生会えない？」と言いながら，電話という場面を設定しているにもかかわらずMの方を見る。それに対してMが，本当に困ったような表情で「うーん会えないねえ」と言うと，D男は泣き出さんばかりの表情と声で「先生！会いたくてたまらないよ!!　どうして会えないんだ？　先生のこと大好きなんだから！」と叫び，この発言の後チックが出る。Mは「……そうなの？」と言い，ことばがつながらない。D男はダブルであるYに促されて「R恵先生，会いに行っていい？」と再度尋ねる。MのダブルであるIが「実はね，先生は結婚するの，だからD男さんには会ったり手紙出したりできないのよ，わかってくれる？」と言う。D男は急に無表情になり，大声で「はい！」と叫ぶが言葉が続かない。監督は「いいのそれで？」と介入したところ，D男は頭をたれて「会えないかもわからんのも悲しいよ，悲しい，悲しいよ，R恵先生（僕）悲しい」と言い，眼に涙を浮かべている。その様子を，他の高機能自閉症者もじっと見守っている。Mが「ごめん，D男さんわかってくれるかな？」と言うとD男は「はい，わかる」と言うが，これは本心とは思われないため監督が「いいの？　許せるの？」と再び介入する。するとD男は「許せん（許せない）！　どうして会ってくれないんだ，どうして会ってくれないんだ，ねえ，僕すごく困ったから，ねえ，ねえ！」と裏返る声で肩で息をしながら，R恵役に迫っていく。Mが「D男さん，さっきも言ったけど，私は結婚するから会えないのよ」と言っても，今度は「会いたい！　会って欲しい!!」と伝え，この発言の後チックが出る。Iが「あのねD男さん，先生ね，他の男の人と結婚するからD男さんともう会えないの。わかって欲しいな」と懇々と諭すと，しばらくしてD男は「はい，はい，欲しい，はい，わかった」と言っ

図 4-3　想いを伝える

て電話を自発的に切る動作を行い，みずから劇を終わらせる（図 4-3）。
監督の意図や気持ち　場面 3 で D 男が自発的に発した気持ちを表現している言葉は，「会いたい」と「悲しい」に集約されると思われた。そのどちらに焦点を当てようかと劇の進行をみながら考えていた。その結果，この劇をもともとやるきっかけであった「会いたい」に，特に焦点を当てて劇をすすめた。最後に D 男が「会いたい！　会って欲しい!!」とはっきり言った後で「わかった」と言って，自ら電話を切るという形で劇の幕を引いたところが，印象的であった。
場面 3 の感想　監督はまず D 男に「D 男さん，最後，電話を自分から切ったんですね，どうして？」と問いかけたところ，D 男は脱力した感じで「終わったから」と言う。さらに「D 男さん，今の気持ちは？」と尋ねると，D 男は「嫌な……，たいへんな気持ち」と言い，放心状態で目も閉じている。Y に同じことを尋ねると「悲しかったし，怒ってました。本当に会いたかったです」と，D 男の気持ちを推測し強調する。監督が「R 恵さんに対してもっと何か言いたかった？」と聞くと，D 男は「それは，もっ

と言いたかった。『話してくれ』っていいたかったんです。結婚しても（僕と）話してくれって」と明確に答える。（R恵さんが）結婚することについて尋ねるとD男は「知らない，忘れた」と言う。

　Iは「D男さんの気持ちはすごく嬉しいんだけど，他の人と結婚するので，つらかったけどお別れするしかないと思いました」と言うと，D男は「つらいって何？」と突然質問する。つらいという言葉の意味が分からなかった様子。そしてチックが出る。監督がD男に「苦しいな，D男さんに悪いなという気持ちのことよ」と言うと，納得する。

　Nは「いつか会えるといいのにね。D男さんは困ってる」と言う。またHは「D男さんはかわいそうな感じ」と言い，Kは「（みている自分も？）悲しい気持ちになった」と言い，横になっている。

　監督が「D男さんのこういう気持ちを失恋というと思います。D男さんをみんなで力づけて下さい。D男さん，今の気持ちを表現するとどうなりますか？」と言うと，D男は「立ちあがれん（立ち上がれない）」と言い，床に完全にうつぶせになる。咳をしながら，周りの参加者に完全に背を向ける。

監督の意図や気持ち　D男のみでなく，周りのメンバーも，この場面のつらい気持ちを受け入れようとしていることを感じた。日頃，他者に興味のない他の高機能自閉症者たちも真剣に観ているし，この劇の感想を伝えようとしていた。最後のシェアリングでも，この感じをしっかり皆で共有し，その上で楽になれるよう進めたいと強く思った。場面1・2に続いて気持ちを動作で表現してもらったが，その姿勢より打ちひしがれ，疲れて全力を出しきっていると感じた。

　8）シェアリング

　周りの皆も自発的に椅子から降り，D男の周りに座り込む格好になる。MやIは「同じようなことありました。とってもよくわかる」と伝える。Nが「D男さん（D男の体に触りながら）元気出して」，Hが「ファイト！」と励ます。監督が「R恵さんに会えなくなるのは悲しいけど，また

いろんな人に会えるよ」と言うと，D男は大きなあくびをし，上体を起こしてくる．
　D男がどうしたら元気になるかとみんなに問いかけると，Iが「まあいいか，たいしたことないや」と思うように伝え，Kが「昔のことは忘れろ，未来を見てってこと」と言うと，皆が自発的にそれぞれいろいろな励ましの言葉をかける．
　監督がD男に「今言いたいことは？」と尋ねると，D男は「元気を出そう，がんばるぞ！」と叫ぶ．皆で「元気を出そう，がんばるぞ」と何回か言い，だんだん大声になる．D男は寝ていたのが座った状態になり，自然に拍手が起こる．最後にD男が指を立てて「シーッ」と言う動作をするので，監督が「このことは他の人には言いませんので」と伝え幕となる．その後，少しチックが出る．「疲れた」と言うので，しばらく別室で横になり，独言がでる．

監督の意図や気持ち　監督は，D男の心のどこかに，このつらい感情を整理してもらいたいと思い，シェアリングをすすめた．D男が床にうつぶせになった状態から上体を起こしたこと，さらに座った状態になるにつれ，少し元気が出てきた（癒された）感じを受ける．最後にD男が指を立てて「シーッ」と言ったことは，誰にも言わないで欲しいという意味であり，かつ，自分の心の中にその思いを封じ込めたよ，という意味であると思われた．

　③　劇後の変化
　その後，林間学校の間は監督であった筆者とは目を合わせることも話しかけることもなかった．その後他の人に対してもR恵に対する話を全くしなくなる．1ヵ月後に，筆者がD男に会うと，以前と変わらず筆者に話しかけてくるが，やはりR恵の話はしない．

　④　事例の整理
　今回報告した劇を「失恋」とネーミングしたことについては，果たして本当にそうかという疑問もあるかもしれない．しかし，三幕からなるこの

劇を通して，やはりこれは「会いたい好きな人がいる」と「その人に会えない」というつらい気持ちを劇の場で体験したのだと実感できた。グランディン（Grandin, 1997）によると，異性（場合によると同性）に対する「親密な」感情をもつことが，高機能自閉症者にとっては恐怖であるらしい。グランディン自身も「ロミオとジュリエットの物語の意味（二人が何を悩んでいるのか）が少しも分からない」のだと告白している。それに対してD男は，高機能自閉症者が感じることの苦手な恋愛感情を感じ，赤裸々に本心を出すことができ，「会いたいよ」，「大好きなんだから」と叫ぶことができた。会えないことは受け入れがたいことであったが，それに直面することもできた。

このように10年の心理劇体験を経て，D男なりに積極的に自分の問題として感じていることを劇のテーマにすることを望み，ことばや姿勢でその「つらさ・もどかしさ」を伝え，この状況を乗り越えようという意志をもっていることが感じられた。また，他者への感情をストレートに表現することも可能になった。

次に，D男に対して行われた心理劇（特に「失恋」の劇）の技法上の問題について考えたい。筆者は今まで自閉性障害者に対して心理劇をどのように援助技法として位置付けるか試行錯誤してきた。劇の初めにイメージアップしやすいようなナレーションを入れること，場面ごとに簡単に感想を聞き，状況によってはその場が即シェアリングの場となるよう設定すること，さらに言語表現の乏しい高機能自閉症者としての特性を補うために気持ちを姿勢や動作で表現することを促すなどは，今までの経験から徐々に試みてきた点である。

監督として工夫した点は，D男にとって苦手な言葉や微妙なニュアンスのわかりにくさを，彼の表情・姿勢から察知し，言語化して返したり共感を示したりしながら介入した。また，補助自我がダブルとして援助することが効果的であり，自我を強化してくれる存在がいることの意義が示された。

さらに，今までの 10 年にわたる筆者・スタッフ・仲間である他の高機能自閉症者の中で，自分にとって大切な思いを大事に取り上げてもらったという体験が，D 男の感情を今まで以上に引き出したと思われる。

(3) ま と め

その他，高機能自閉症者の心理劇としては，以下のようなものが挙げられる。

第 3 章第 4 節「福祉施設における実践」で詳述しているように，運動会に行きたいか行きたくないかの葛藤を，目に見える形で演出し，フラフープの中に本人役を，その左右に症者の気持を表現する演者を配し，気持ちを確認し，意思表示を促すような劇を行った。

また，職場でのストレスを「職場の○○さんが，自分にお金を貸してくれと言うので困る」という訴えで表現したのに対し，自分で「嫌」と言う，だれか（上司や家族）に相談するなどという解決法を，ひとつひとつ劇化し，最終的にはすっきりとカタルシスさせるような働きかけも行った。

このように，様々な形式での心理劇の展開が考えられる。

3. アスペルガー障害児・者に対する実践

(1) E 郎のドラマ

次にアスペルガー障害（症候群）と診断された対象者 3 人の心理劇の実際を報告する。まず，第 1 節で示したように何年も継続して心理劇を体験してきた対象児の変化について報告する。次に，本人以外は全員が支援者というグループ構成で行われた心理劇の実際を紹介する。最後に 3 人の対象者によるアスペルガー障害（症候群）の特性がよく示されている心理劇の場面を簡単に紹介し，心理劇適用の目的や技法の多様性について考えたい。

① 事例の概要

　特に周産期障害もなかったが，乳児期は敏感でよく泣き，始歩が11ヵ月で，歩き始めると多動であり手を離すとどこに行くかわからない子供であった。一方で始語が遅れ，母親が児童相談所に相談し，2歳よりF児童相談所が主催していた就学前の発達障害児に対する療育グループにて集団遊戯療法を受ける。当時のプレイリーダーが筆者であった。最初の1年間はじっとしておらず，高いところにあがっては飛び降りる，もしくは母親に抱きついたまま泣き続けるなど全く集団になじめず母子ともに落ち着かなかった。2年目の秋に母子分離を目的とした療育キャンプに参加し，そこで医師を紹介され「注意欠陥多動性障害（ADHD）」と診断される。その後母子ともに徐々に落ち着き，それに伴って言葉が急激に増え集団遊戯療法を楽しむことができるようになってくる。6歳頃から普通小学校と並行して情緒学級に通級，また筆者が関わっていた療育グループ（主に言語学習訓練・動作法など）に月2回通うこととなった。当時は百科事典で難しい言葉を調べてはそれをぶつぶつ言う，大人の言葉の言い間違いを鋭く指摘するなど高い能力を示すようになった。また療育グループを行っていた短大の校庭にて砂遊びに没頭するなど幼い面も見せた。ある時，砂に何か書きながらぶつぶつ言っているので，筆者がよく聞こうと耳を澄ますと「人間の体の仕組みはね，赤血球と白血球と……」など辞典で調べたことを砂遊びで再現しており，驚かされたこともあった。集中力に乏しく，些細なことで感情を高ぶらせたり，他児と口論からつかみ合いのけんかになったり，能力が高いのに人の名前をほとんど覚えないなど，広汎性発達障害に特有の症状がみられた。また，小学校4年生頃から自分と他者の能力の違いを認識し「どうして僕は他の人と違うのか，今度は普通の子供に生まれ変わりたい」など言うこともあった。中学校入学時，多動や注意の転導などのADHD特有の症状は減少したが，一方で他者とのやりとりの困難さ，自分のこだわりの世界に没頭してしまう様子などが認められた。また同時期にWISC-Rを実施したところ，FIQ 122（VIQ 123,

PIQ 118) であり言語性・動作性ともに高知能を示した。これらの生活面での様子や認知面の症状を考慮すると，ADHD というよりアスペルガー障害であると診断された。心理劇を始めたこの時期の大きな問題は，授業中に自分で考えた想像上の人物が出てくる物語をぶつぶつつぶやいて，授業についていけなくなることであった。また，いじめの対象となることもあり「しかと遊び」と称して無視されるなどの扱いを受けたこともあった。しかし本人の体格が大きく，時々大声を出すなどたくましい面も出すことができたため，今のところ陰湿ないじめには至っていない。漫画を書くことが好きで漫画の中の主人公に暴れさせることで，フラストレーションを解消している。認知面では良好な発達を示し，若干文字の書き取りが苦手であるなどの学習上の問題もみられるが小学校高学年頃よりパソコンを使って文章を書くことを覚え，文章を作成することの楽しさを覚えると国語の力も伸びていった。家族は，本児のことをよく理解しており，丁寧な関わりで本児の成長を支えている。

② 今までの心理劇の経過

心理劇の目的として，1．本人が自分自身について考える機会とし，自我の強化をはかる，2．安心できるメンバーの中で日常生活に対する不安を軽減させることで，社会適応力を高める，として3年にわたる経過を述べる。

③ 心理劇を通してみた本人の変化について

劇施行当初は，会話は交わしても自分のエピソードは劇にせず，他者の劇に参加するときも機械やモノなどになり，人とあまりコミュニケーションをとる必要のない役を選んでいた。しかも他者の劇に対して批判的で，心理劇自体に対しても「心理劇って何だ，これで何がわかるっていうんだよ」と筆者にくってかかることもあった。2年目も他者の劇に「石」として出るよう要請され，出るには出るが不満を表明するなど，前にも増して批判的であった。

しかし，3年目の7回目の劇（表4-1）がターニングポイントになった

表4-1　E郎に対する心理劇

	回数	テーマ	役割	役割の性質[1]	特記事項
第1期 エピソードを劇にしようとしなかった時期	1	小さい頃の思い出	エピソード紹介	○	エピソードを語るが、劇にはしない
	2	家族旅行	機械の役	△	売店の自動販売機に自発的になる
	3	5年後の自分	車の役	△	自動車工場で働きたいというほかのメンバーの劇で自発的に生産される車になる
	4	修学旅行	石の役	△	監督の求めで石を演じるがシェアリングでその不満を述べる
	5	ニューハーフ	観客	△	主役に指図する
	6	お手伝い	子供	○	風呂掃除している場面を演じる
	7	ターミネーター	ターミネーター（主役）	×	ターミネーターになり敵を倒していく
第2期 エピソードを取り上げてもらいたがった時期	8	今困っていること	観客	△	見ているのみ
	9	失恋	観客	×	主役に「おまえが振られたのは、おまえに魅力がないからだよ」という
	10	テレビゲーム	王子様（主役）	○	テレビゲームの王子様になり、お姫様を敵から助ける
	11	名探偵コナン	プロレスラー（主役）	×	プロレスラーの役で試合中に相手が死んでしまい、名探偵コナンが事件解明に乗り出す
	12	学校	教師（主役）	×	アニメのキャラクターばかりがいる学校で、ふざけた教師となる
	13	間者（スパイ）	間者（主役）	○×	三国志の場面で、間者が敵の兵士に追われる
	14	冬の一夜	本人（主役）	○	冬の寒い夜の過ごし方を再現する
	15	高校合格	本人（主役）	○	受験勉強している場面と、合格した場面を演じる
	16	連休	非行少年	×	高速バスの中で、態度の悪い乗客（非行少年）を演じる
	17	三顧の礼	諸葛孔明（主役）	○	三国志の有名な場面を、史実通りに演じる
	18	蚊の退治	本人	×	寝ているときに出てきた蚊を、思いっきりたたく
	19	赤ちゃんと家族	おばあちゃん	○	2人の赤ん坊がいる家庭で、赤ん坊の世話をするおばあちゃんを演じる
	20	小さい頃の思い出	本人（主役）	○×	小学校の頃よくしていた砂遊びの場面を再現する

1) ○…善い役、×…悪役、△…どちらにも当てはまらない役、○×…善悪あわせ持った役

第4章　心理劇治療の実際(2)

と思われる。E郎がターミネーターになった劇を施行すると，喜々として演じ，シェアリングでは「実際にやってみると楽しかったが，思ったよりは興奮しなかった。みなさん，ご協力ありがとうございました」と言い，深々と頭を下げるということがあった。実際にやってみたらそんなに興奮しなかったということは，イメージと現実の違いに気づき，暴力で人と関わることはそれほど快感ではないことを身をもって感じたからであろう。さらに，日頃人間関係は希薄で，しかも他者の気持ちに気づくことが困難なE郎にとって，心理劇により「今ここで」の生の体験ができ，皆が自分のためにあえて「やられ役」を演じてくれたことは，E郎にとって嬉しいことであったから感謝の言葉も出たのであろう。

　その後，心理劇に積極的になり自分の内面を表現していくようになったが，それらを見直すと，いくつかのことに気づかされた。

　まず，劇の中で「何か悪さをして逃げる，それを補助自我が追いかけていく」というパターンが繰り返されたことである。例えば12回目の劇『学校』の教師，16回目の劇『連休』の非行少年，13回目の劇の『間者』などである。そしてどの劇でも補助自我が追いかけていくと，大喜びして部屋に戻ってくるということを繰り返している。実は筆者がE郎に出会った頃（E郎が2歳の頃），E郎が場面になじめず動き回り，母親が「戻っておいで」と呼びかけても来なかった状態であったのが，療育キャンプを境に母親が一緒に追いかけるようになったところ，母子ともに落ち着いていったというエピソードを思い出した。劇での「逃げる」E郎を母親の代理であろう補助自我が「追いかける」，しかも，決して逸脱を単に許すのではないが，その気持ちも認めながら，「待てー」，「戻ってきてー」などと呼びかけながら追いかけられることで，幼児期のそれと同じように彼の暴走したい心情がコントロールされていっているのではないだろうか。このような劇の後のシェアリングでは，とても嬉しそうに気持ちを伝えるE郎がいるし，表4-1でいうところの×に当たる役を演じた後でも日常生活でその不適応の部分が強化され出てくるわけではない。自分の中のどう

しようもない負の部分も，事実として認めてくれる母親に代表される他者の存在が，とても意味あることを，これらの劇を通して感じられた。

次に，「悪い役（表4-1での×）をした後のセッションでは善人（表4-1での○）役をしたがる」という点についてである。善人役の典型として，17回目の劇の『三顧の礼』の諸葛孔明，10回目の劇『テレビゲーム』の王子様，19回目の劇『赤ちゃんと家族』のおばあちゃんがあげられる。17回目の劇ではシェアリングでは「嬉しかった。本当に自分が必要かどうか，寝たふりをして聴いていたがそうだと感じたのでよかった」と言っていた。これらより，人のことには頓着しないようで，やはり自分を認めてほしいという気持ちがうかがえる。この感覚も，日頃の生活では得られにくいのだが，心理劇という守られた空間での安心できるメンバーとのやりとりを通して，自分を認めてくれる他者の存在に気づいて自己実現に至ったのだと思われる（この劇については，第3章p.51も参照）。

④　他のメンバーとの関係について

さらに20回目の劇の『小さい頃の思い出』では「砂遊び楽しいけど（ひとりでは）何となくむなしかったなーという気もする」と言い，他の観客に「何をぶつぶつ言っていたのですか，砂で何を作っていたのですか」と訊かれると「自分のイメージのものを再現していた，その物語を語っていた」と，人の問いかけに対して丁寧に答えるなど，心理劇施行当初には考えられないくらいスムーズな受け答えが可能になってきた。今でも，自閉性障害者の反響言語に対して，「オウム返しするな！」ときつい言葉を発することもあるなど，他者の能力の低いところを配慮なしに口にすることもあるが，この4年間の心理劇を中心としたグループのメンバーに対して，仲間意識を感じていることも感じられる。メンバーに対しては無関心から，今は一見無関心だが思いやりの言葉も出てきたし，相手のことをわかっての言動もみられるようになってきた。

反対に，他のメンバーにとってE郎は当初は大声で怒る，威張っている，きついことを言う怖い存在であったが，徐々に仲間として認知されて

いるのではないだろうか。例えば他のメンバーからE郎に対して「E郎君は友達だから……」という発言があり、本人が欠席した時には、他のメンバーが「どうして来ていないのか」と聞いてくるなどの様子が観察されるようになったからである。

各メンバーの様子をみていると、E郎に限らず皆、不器用ながらも相手のことを考えようとする言動や、自分のことばかり主張してはいけないことをわかってきたかのような微妙な変化が認められる。いわゆる健常者にみられるスムーズな仲間関係ではないが、お互いの存在を認め合っていることが感じられるのである。

⑤ 事例の整理

このように、E郎の3年間の経過を見てみると、彼のファンタジーの世界を認められたことへの喜びや、他者との交流感が生まれてきたことが、彼のこの場における社会性を育んできたことが推察される。アスペルガー障害児・者の反社会的行為は、他者から受ける疎外感によるものも多い。このような事態を防ぎ、現実的な判断力を培うために、心理劇による治療は有効ではないかと思われる。

(2) F彦のドラマ

呈示する事例は、アスペルガー障害と診断された青年である。彼は、能力が高く対人関係もとれているようにみうけられるが、様々なストレスを抱えておりそれが思わぬ形で不適応行動としてあらわれていた。それは「良い人でいなければならない」という気持ちが強すぎて、他者に対する自分の本心を出すことができないことからきていると思われた。そこで、心理劇を施行し問題を取り上げた。またそのときにはミラーの技法を利用し、自らの問題を考えることができるよう工夫した。

この心理劇の実践報告の特徴は、以下の2点である。第1点は、今までは複数の対象者（クライエント）がいる場での心理劇の実際を報告してきたが、ここでは彼以外は援助者のみでの心理劇を行ったことである。第2

点は，ミラー法を意識的に利用したことである。マリノー（増野・増野訳,1995）によるとミラー法とは，「主役がある距離を持ち洞察することを監督が望むときに利用する。主役はいすに座り，補助自我が彼の役を言葉や行動で演じるのを見るように言われる。補助自我は主役の行動を真似し，言葉や行動で彼の気持ちを表現しようとし，主役が『あたかも鏡の中にいるかのように』見せる。（…略…）そうすると主役は，受動的な観客の立場から，演技や説明を訂正するために，積極的な参加者である俳優へと変わるのである」と説明している。自閉性障害者に対して，ミラー法は難しいと思われたが，このタイプのアスペルガー障害者は自分で動こうとしない（動けない）ので，その分他者（補助自我）が本人の代わりに演じてみせることで，本人の思いを引き出すことができるのではと考えた。

① 事例の概要

始歩11ヵ月，始語1歳3ヵ月，視線が合わない，後追いをしない，言葉の遅れ，多動などの症状があった。保育園では多動で集団に入れなかった。絵本を読んでもらうとその文章を丸暗記し，それを一方的に他の人に話していた。小学校は普通学級，些細なことで嚙みつく等の他害がみられた以外には他の児童とはほとんど交流がなかった。アニメの格闘場面で使われる台詞を覚え，パニックになった際に相手に言ったりした。中学校2年生までは普通学級であり，英語や数学はクラスでも優秀な成績であったが，人間関係のトラブルから神経症様状態となり，忘れ物のチェックで夜も眠れないなどの状態が続き，3年生から他の中学校特殊学級に転校する。高校は寄宿制の高等養護学校に在籍する。両親ともに，本人のことをよく理解しており，何か変化があると治療者側に連絡されるなど，常にきめ細やかに本人の成長を支えている。

② 現在の状況と筆者との関わり

本人が小学校低学年の時から，関わりを持っていた。本人の様子は，表向き礼儀正しくきちんとした印象を保っていたが，本人が強迫的に自分の荷物チェックをする様子や時折表現される母親の言動より，見かけ以上に

第4章　心理劇治療の実際(2)

日常生活は大変なのではなかろうかと危惧していた。高等養護学校卒業後自宅近くの作業所に通ったが，利用者同士のトラブルから作業所に居づらくなり，わずか1ヵ月でやめてしまった。現在は，筆者が心理劇を施行している通所施設に所属し，心理劇にも他の利用者とともに参加している。6ヵ月を経た時点でこの施設でも少しずつストレスフルな状況がみられつつある。また成人したら何でもできるというパターン化された思考（例えば結婚も20歳になったらできると思っている）にとらわれ，20歳になったらこれもするあれもすると言っている。「〜しなくてはならない」という言葉を多用する（「ねばならない」の世界に生きている）一方で「ゆっくりのんびり過ごしたい」と言うこともよくある。

③　心理劇：S先生のメガネが気になる

1）心理劇の目的

1．自分自身について考える機会とし，自我の強化をはかる。2．安心できるメンバーの中で日常生活に対する不安をもたらしたエピソードを取り上げ，そのことについて考える。

2）心理劇試行の形態

彼以外は監督と補助自我より構成された。

参加者　参加者は以下の通りである。

主役：F彦

監督（臨床心理士）：筆者

補助自我（施設の指導員，男性2人，女性2人）：I（男性），M（男性），A（女性），Y（女性）と略記

記録方法　以下の心理劇は1時間ほどの長さでありVTRにすべて記録されているのでそれを見直して略記，再生した。下線の部分はF彦の気持ちが現れている発言や行動でありその部分の発言については省略せずそのまま記述した。そのため文法上多少誤っている部分もそのまま記した。

3）心理劇施行のきっかけ

新しい通所施設で3ヵ月を経過し，それまでは落ち着いていた。しかし

若い女性指導員の一人が，コンタクトから眼鏡に変えたのを機に，そのことに執着し，その指導員の後をついてまわり「Ｓ（指導員のファーストネーム）眼鏡」と言ったり，ささやき声でからかうようになった。他の利用者とのトラブルが時々起こりかけるので，ストレス等が全てそれらのことに集約されているのではないかと考え，心理劇で取り上げる。

　4）ウォーミングアップとテーマの決定

　はじめに秘密の保持を確認し，監督はＦ彦に話しかけるとＦ彦は「はい，ストレスがたまっています。疲れたり動きすぎたから……，昨日ちょっと自分が気持ちを落ち着けるためにゆっくりする時間がちょっとなかった。ストレスで，夜ゆっくり音楽聴こうと思ったけどその時間もなかったから……。自分が興奮したり疲れたりすると中学校，過去のこと思い出したら夜中過ぎまで起きてた。勉強しすぎたから，難しい問題解こうとしてなかなかうまくできず悔しいことがあって……」と言う。監督が「昨日も同じ気持ちでしたか？」と聞くと「はい，ゆっくりできずくやしかった。後悔した。センターでは音楽を聴いたりＳ先生の眼鏡が気になったりする。これもストレスになることですが怖い夢だった」と言う。監督は「眼鏡が気になって怖かったのですか？」と聞くがあまりはっきりしない。重ねて監督が「昨日のこと（ある人に大声を出してしまったこと）言ってもいいですか？」と言うとＦ彦ははっきりと「イヤです」と答える。監督が「じゃあＳ先生の眼鏡のこと考えていいですか？」と聞くと，Ｆ彦はロダンの考える人の姿勢になり「考えてみます」と言い，「気になって仕方なかった，眼鏡かけたので危なそうな目に見える。夜見た夢ではＳ先生は怖い顔になった。Ｓ先生が何をしているかわからなくなった。キーと気持ちが悪くなってタスケテクレーって感じになった。怖くて布団の中に入ってしまった。でも眼鏡に慣れてるからいい」と話す。

　5）劇1（ＳとＦ彦の会話）

Ｆ彦役：本人

Ｆ彦の補助自我（ダブル）：Ｍ

S役：I

　F彦：S先生眼鏡かけてるんですか，S眼鏡ー。
　I：どうしてそんな風に言うの。
　F彦：おじいさんの眼鏡。
　I：もう言わないで。
　F彦：先生似合いますか，僕の眼鏡（と言ってF彦自身が使っている眼鏡を上下逆にかけてふざける），僕は目は良くも悪くもないです（と言いはる）。
　I：この眼鏡だめ？
　F彦：<u>あーわかりません</u>，おばあさんの眼鏡だー（似合っていないと思っているがはっきり言わない）。

シェアリング1　S役のIが「もっと言いたいことあるんじゃないかなあと思いました。我慢しているのかな」，補助自我のMは「S先生の眼鏡が気になってしょうがないと思った。S先生が好きなのかな」と言うとF彦は「はい好きです」と答える。

　監督が「おじいさん，おばあさんというのはどうしてですか？」と聞くとF彦は「かけたら，似合っているかどうか，わからないから」と言う。

　他の観客がそれぞれ本当は「好きです」と言いたいのだと思う，と伝える。

　6）劇2（ミラーの試み）
F彦役：M
F彦の補助自我（ミラー）：I
S役：Y
Sの補助自我（ダブル）：A

　ミラーの技法で「好き」という気持ちを表現し，Iが，いつもF彦がSに対して口にしているからかいの言葉を言ったとたん，F彦は笑う。また

図 4-4　仲良くしたいのに……

唇をつぼめておもしろい顔をしたり，あくびをするかと思うと，真剣に観ているときもある。
　また，ミラーの場面をみながら自然にF彦自らもMやIのそばに椅子を寄せていく。
　劇の中にF彦がF彦自身として参加する。
F彦：S先生に顔を近づけたり，からかったりするのはだめですよね，あとなんか僕は高校の時，ともだちのT君が言ってたんですが，相手の子はイヤでしたよね？（昔の友達が女子をからかっていたエピソードを突然披露する）（図4-4）。

シェアリング2　S役のYが「私（S）を好きな気持ちは分かるけど，からかうのはやめて欲しいです。恥ずかしいから」と言うと即座にF彦は「あと，ふざけて寄っていくのもいけないですよね」と言う。補助自我のMが「フーッてしたりからかいたいけど，イヤだと言われて，どうしたらいいのかわからない（F彦の心情の代弁）」と言うと，F彦は「はい。S

先生の眼鏡が気になります。眼鏡が気になるのはS先生の色が白いから，においも（気になる）……」と言い，監督が「F彦君，本当は眼鏡よりS先生の髪の毛やにおいが気になるんじゃない？」と聞くと，F彦は「はい，ちょっとイヤなにおいで……（と言いながら自分の眼鏡を外す）」と答える。また「（そんなこと言うのは）S先生には悪いとも思うけど，S先生は僕がいたずらすると嬉しいのだと思う。僕は他の人がS先生来たよと言われると，ドキドキして嬉しくなる」と本心を吐露する。

7）劇3（最後の劇，F彦がSと話をする場面）
F彦役：F彦本人
F彦の補助自我（ダブル）：M
S役：A
Sの補助自我（ダブル）：K

F彦：S先生，眼鏡いつからかけたんですか？　先生の眼鏡はスポーツセンターに来てるおじいさんの眼鏡に似てる。
A：F彦君，それはもう何回も聞いたよ，私に本当に言いたいことは何？
F彦：S先生，先生，あんまり気にしない方がいいと思います，眼鏡のこと（自分自身に言っている，主客転倒の言い方？），僕がコントロールしてやめることができるなら……。S先生，眼鏡の方が似合っていると思いたい。
Y：どうしてもS先生にいろいろ変なことを言いたくなるときは，どうしようか？
F彦：コントロールする。
Y：どうしても言いたくなるときは，男の先生に相談したらどうだろう。
F彦：はい。
シェアリング3　MがF彦を代弁して「人に言いたくなるんだけど」と言

うと，S役のAが「でもからかわれるとイヤな気持ちになるのよ」と言う．するとF彦は「言いたいけど，もう言わない方がいいかなあとも思う」と心のこもった言い方で言う．

Aが「私だったら人に相談するけどな」と伝えるとF彦「僕はだれに相談したらいいですか？　思いつかないし，こんなこと人には言えないし，なかなか言えないですね」と，人に言ってははばかられる内容だとは自覚している．そして「まあがんばっていきます」と無理矢理まとめようとし「でも，S先生の話をするのは僕自身が悪いんじゃなくて，自分が抑えきれないってことですよ」と「僕」と「自分」の違い，つまり理性と本能の違いを本人が無意識で自覚しこの場で表現できたのだと思われる，表情もとても困った顔である．そして「先生たちに相談してもいいが，秘密は守ってくれないと困ります」と訴える．

I他のスタッフが「秘密は守るよ」と言うとF彦は「S先生の気持ちはどうかちょっと不安だった，これからも仲のよい友達とみんなと仲のいい生活や作業に取り組んでいきたいと思います，友達と仲良くするためにはけんかをしないこと，皆と助け合って協力したいと思う」とやっぱり最後は優等生的な言葉でしめようとする．

④　劇後の変化
　Sに対して眼鏡のことやからかいの発言が劇の後1週間は明らかに減った．その後は，また言ってしまうこともあるが，言ってはいけないことはわかっているので，遠慮がちに我慢しきれない感じでつい口走ることがほとんどとのこと．

⑤　事例の整理
F彦の状態について　F彦は一見知性的でとても落ち着いている青年という印象を受ける．しかし，F彦の状態についてはDSM-IV（高橋ら，1995）のアスペルガー障害における診断基準がかなり当てはまる．特に「行動・興味および活動の，限定され反復的で常同的な様式」の部分は，今回の心理劇のテーマとしてまさに取り上げられている．また対人関係の

とりにくさで, 本人も他者と自分は違うのではないかと感じ, 悩んでいることもうかがえる。すなわちわれわれにとっては些細なことに関心を持ち, ときにはそのことに関してひどく傷つくのである。他者からどう思われているか敏感なようで, 実は, ずれている彼の本質が感じられる。また, 眼鏡に対する固執も, 視線恐怖と関連しているのではないかとも思われる。日頃はとても礼儀正しい彼が, ストレスからか, 優しい身近な人にさえ不適切な言動が出ることは本人の現在の混乱ぶりをよく示している。

F彦への心理劇について　今回の「S先生の眼鏡が気になる」の劇では, ある人へ不適切な行動をとろうとしたことがきっかけで, 行われた。劇のテーマはS指導員の眼鏡のことを取り上げる。彼にとってSがコンタクトから眼鏡にしたことはSの人格が変わるくらいに重大なことで恐ろしいことなのかもしれない。1943年のカナーにおける最初の11名の症例（特にジョンF.において）で記されているように（Kanner, 1973）, 自閉性障害者の同一性保持の問題として捉えることもできる。このことと女性に対する関心とがリンクして, Sに対する激しい固執となったと思われる。劇をやり終えたときはF彦に気持ちが通じない感じがしたが, 劇後の変化をみると通じていたことがわかった。

一方「ゆっくりのんびりしたい」という言葉は, F彦が, 劇中でも日常生活場面でもよく言っている言葉である。これは一見おっとりしているF彦が, 実は過敏でいらいらしている自分に気づいているからだろう。また些細なことに固執し, 突然不適応行動に至るようにみえるが, 彼にとってはS指導員が「コンタクトから眼鏡に変えること」は, まさに顔（人格）を変えたに等しいので大問題なのである。「ねばならない」の世界も誰でも少なからず持ってはいるが, F彦はそこに縛られすぎ苦しんでいるのだろう。それではいつか破綻がくるし,「ゆっくりのんびりできる」環境とはとても言えまい。心理劇でこれらのテーマを取り上げられることによって, 自分の本心を出していいんだよと促され, 自分のことを理解してくれる援助者の中で, 「ねばならない」の世界にいなくてもいいんだよと援助

される。そうされることで、F彦はほっとするのではないだろうか。現実にうまく対処していくことが重要であり、この場合は嫌だったことを口にして表現して他者に共感してもらうことが大切なのだろうと思われる。

関連して、やっぱり良い子でいたいという気持ちは、その言動から見受けられる（例えば「コントロールする」）。それは当然であるし、そのような自分の殻は持っていてもいいけれど、問題はその殻に縛られすぎて不適応行動が出てくるので、これはきついだろうということになる。殻を少しだけ破ること、たくさん破るのはつらいので、後々困らない程度に少しだけ破る勇気を持たせるよう励ましたり、一緒に破ったりするよう援助することが必要である。

主役以外は、全員支援者のみのグループであったが、このグループを設定したことによりミラー法が利用できたかもしれないし、また彼に本心を出しやすい状況をつくることができた。彼はミラーの意味が分かっており、ミラーの演技を観た上で途中から自分も劇の中に入っていった。補助自我が、的確に彼の意図をつかんでいたからだと思われる。監督は、彼が無意識の中で望むことを感じ取り、無理なく引き出す存在でありたい。

援助者による気持ちの共有の重要性としては、F彦のことを良い悪いで判断するのではなく、彼のことをわかっていると表明することが、彼の傷ついた心に対する薬になるのかもしれない。しかしこのとき、日常の生活指導における指導員としての立場とは違うことを明確にしておかなければならない。

(3) その他の事例

以上、紹介した2事例のほかにもさまざまな適用例があるが、次に3名の劇での様子について、簡単に紹介する。1例目は、本人と母親との関係を見つめる劇、2例目は、ニュースの事件から賦活された本人のファンタジーの世界を具現化した劇、3例目は、テレビのバラエティ番組の結末どおりにならないと気がすまないという気持ちを修正する劇である。

① 本人と母親の関係を見つめる劇

主役F彦（p. 97の主役と同一人物）。高校卒業後，大学進学を目指している。監督とは小学校の時から関わりがあり，4年前から心理劇の場に参加。

F彦は最近母親に対してイライラすると言う。「母の日」が近いある日，F彦は「このごろ母親が自分の言うことを聞いてくれない」と訴え，その一場面を劇化する。内容は「F彦が出かける準備をしていたところ，母親が『大丈夫？　忘れ物ない？』と言った。それがむかつく」ということであった。劇でははじめに本人役をF彦が行い，母親役を補助自我が行った。F彦が荷造りをしているところに母親役が近づき，優しく「大丈夫？忘れ物ない？」というが，F彦はそれに対し「ない！」と素っ気なく答える。シェアリングでは，「やっぱり声かけられるとイライラする」と言う。同じ場面を役割交換（ロールリバーサル）で行ってもよいか監督が尋ね，F彦が「いいですよ」というので行った。F彦は母親役となり，同じように荷造りをしている本当の自分であるF彦役に「大丈夫？　忘れ物ないの？」と話しかける。するとF彦役の補助自我が少しイライラした感じで「もう，お母さん，いつもうるさいよ，僕大丈夫だから」と（あえて）さっきとは違うせりふを言い，日頃F彦が伝えられていないであろう気持ちの代弁を行う。F彦は少し困ったような表情でその様子を黙ってみているところで幕とした。シェアリングでは突然F彦は「お母さん大好きでーす」と言い，両手を自分の左胸のところに持ってきてハートマークを作って皆に見せた。

F彦の劇については，母親役としてロールリバーサルを行った時に，補助自我がおそらく本人が思っているであろう気持ちを代弁し，一方で，母親役を演じたことで，自分のことを心配してくれているであろう母親の気持ちや，イライラさせられながらも大好きな母親のことに思い至ったようであった。それでシェアリングの時には，思わず言葉と動きで母親への気持ちがあふれ出たのだと思われる。

② ファンタジーの世界を具現化した劇

主役E郎（p. 91の主役と同一人物）。コンピュータプログラマー目指して，大学に通っている。監督との関わりは2歳からであり，7年前から心理劇の場に参加。

高速バスで旅行する劇で，乗客（ダイリキという名前の架空の人物）を演じる（心理劇では自分でない架空の人物としてやりたいことを行うという技法がある）。車中でたばこを吸ったり，携帯電話で大声を出したり，態度の悪い客を演じる。それに対して客の一人が「困ります，運転手さん注意してください」と言い，運転手役が「お客さん，マナーを守ってくださいね」と言う。しかし相変わらず態度が悪い。とうとう運転手が警察に通報する。警官が来ると，そのパトカーを奪い逃走する。シェアリングでは，普段はできないことができたと満足そうである。「上手く逃げられてよかった」という。それに対し，他の演者や補助自我は「マナーを守ってほしいなあ」と言う。E郎が「でも，イライラすると，悪いこととは分かってもしたくなる」と自分の意見をはっきりという。監督は，そのような気持ちの人をつのると，G矢を含めた3人がそれに同意する（その中にはあえてその気持ちに同意した補助自我もいる）。その3人対「マナーを守ってほしい」と主張する4人で少しディベートを行わせ，双方の意見を表現させる。自分と違う意見の人とのディベートによって，自分と違う意見の人がいることを全体で確認する。最後に監督が「これは劇の中のことだから」と現実と劇場面を区別させ，役割解除を行い全体のセッションを終了した。

E郎の劇については，旅行する劇はこのメンバーでよく採りあげられるテーマである。さらにE郎が自分のファンタジーの世界を重ね合わせ，日頃は出さない自分の気持ちを表現する場面となった。シェアリングではE郎の思いに対して賛同する者，反対する者の意見が出され，自分と違う意見を聞く機会になった。

③ 気持ちを修正する劇

　主役G矢。現在，高校生であり，専門学校進学を目指している。監督との関わりは3歳からであり，5年前から心理劇の場に参加。

　G矢は，テレビ番組の「行列のできる法律相談所」という番組が好きで，テレビを見るだけでなく，その内容を本にしたものも買ってよく読んでいる。今回はその本の中のエピソードの一つを劇化したいとの要望で劇を行った。内容は「ある人が買い物中，駐車場の車を盗まれる。その車泥棒が人をはねてしまうが逃走する。車を盗まれた人は，はねられた人から車の管理責任ということで訴えられ，車を盗まれた人は盗まれただけでなく，泥棒が事故を起こしたその責任も負うことになる」というものであった。劇は同じ場面を異なった配役で2回行った。1回目はG矢が本人の希望ではねられる人の役を行い，車を盗まれる役を補助自我が，車を盗む役を対象者の一人がそれぞれG矢の願いにより行った。G矢は，本に書いてあるとおりに「あなたの車だから，あなたが悪い」と言い張った。2回目は全く同じ場面を，G矢が車を盗まれる人の役，補助自我がはねられる人の役，泥棒は先ほどと同じ対象者が行った。つまりG矢は補助自我とロールリバーサルを行っていることになる。今度はG矢が車にはねられた人から責められると「はい，僕が悪いんです」と，本の結末通りのせりふを言う。しかしこの場面ではせりふを言いながらも表情は自分が悪くないのにと納得いかない様子であった。それでも泣きそうになりながらも「はい，僕が車の所有者ですから悪いんです」と言い続け場面を終えた。シェアリングでは，やはり本人はマニュアル通りのことを言う。すると他の対象者が「でも，G矢君は車盗られて，やっていないことでまた怒られてかわいそう」と言う。その意見が出たとたんG矢は首を縦に振り嬉しそうになる。補助自我が「自分の気持ちを言っていいんだよ」と言うと「ウン」と言い，少し晴れ晴れした顔になった。役割解除を行い終了する。

　G矢の劇については，自分の「今ここで」の気持ちや判断よりもマニュアル通りにしようとする彼らの症状特性がよく表れている。心理劇で2つ

の役割を演じたことで，理屈ではなく立場によって異なる気持ちに気づいたけれども，最後に上手く表現できないG矢がいた。最後にシェアリングの場で仲間や補助自我の発言により，自分の気持ちに気づくことができた。この劇の後，G矢は未だに本のマニュアル通りのことを言うことも多いが，今の自分の気持ちを言うことの意味も少しずつ分かってきているようだ。

(4) まとめ

紹介したどの劇も，アスペルガー障害児・者の特性をよく表しており，かつ，そこにこだわることで社会生活がうまくいかないこともありうる場面である。以上のように，アスペルガー障害の特性を理解したうえで，心理劇によるカタルシス・感情表出・課題解決・社会適応力の向上を目指すことは可能である。心理劇という技法を適用しない場合でも，それらへの対応策の一例として参考にしていただければ幸いである。

4. 広汎性発達障害児に対する実践

本節では，主に第3章に記した「寺子屋さくら」で活動している小学生の自閉症児やその近縁の発達障害児の事例を紹介する。はじめに「寺子屋さくら」での通常の活動における一場面，次に夏休みに行っている療育キャンプ（児童対象のキャンプは，「あおぞらキャンプ」と称している）での一場面である。

(1) H彦のドラマ
① 事例の概要

小学校2年生の男子（MR　自閉傾向）。「寺子屋さくら」に2ヵ月前から通い始めた。その場や参加者にはなじみ始めているが，母子分離がなかなかできない。また，順番待ちができない，じゃんけんやゲームなどで負

けることを激しく嫌がることが多く，そのような状況では大声で泣き叫んだり，自傷・他害が起こる。耐性（我慢する力）や自己コントロール力をつけることが大きな課題である。

② 心理劇：野球

ウォーミングアップ 自己紹介と，自分の得意なことを話すよう監督が促す。「私は〜です。泣き真似が上手です」，「ボクは〜です。ウルトラマンになるんです」，「ボクは〜で，カバに餌をやるのが上手です」などの発言がある。必ずしも得意ということではなく，明らかに苦手だと思われたり，やったこともなさそうなことでも表現したことを，今ここでの事実として評価する。H彦は「ボクは〜です。野球が得意です」と言う。誰の劇を行うか話し合い，H彦の提案した「野球」の劇をすることになる。

劇 選手（ピッチャー・キャッチャー・審判・守備・バッター）・野球観戦している人たち・観客にものを売る売り子についてはそれぞれが好きな役をすぐ選ぶ。主役はバッターを希望する。補助自我（筆者）が，「私，ボールになります」と言って，あえてボールになる。

初めはピッチャー役は筆者に「ボールちょーだい」を連発し，そのたびに筆者は「私がボールよ」を繰り返し，筆者が「ボール役」であることを理解してもらう。ピッチャーが投げ，筆者はボールとなってフラフラ飛んだり，変化球でジグザグに動いたりし，打たれたり，ゴロになったりホームランになったりする。皆大興奮で，アウトでがっかりし，得点が入ると喜ぶ。観戦者は応援したり，ポップコーンやハンバーガーを食べる演技をする。

シェアリング 観戦者の一人（小1の少年）が「今日は野球見たねー」と言い，状況把握できていた。H彦は，「ヒット打った，面白かった」と，とても満足している。

③ 劇後の様子とまとめ

後日，保護者の話からよく話を聞くと，本人は全く野球はしないし，テレビで見ていることもあまりないが，父親が見ているのを何気なく一緒

見ていることもあるという話で，H彦がこのような劇を希望し，やって喜んでいたことを伝えると，驚かれていた。この劇では，仲間作りのために，皆で楽しくわくわくする体験や，皆のイメージを合わせて作り出す体験をさせ，かつ，H彦の想像（ファンタジーの世界）を肯定的に受け入れ，表現させたことに意義があったと思われる。

(2)　J次郎のドラマ
① 事例の概要

小学校1年生　男子（LD　アスペルガー障害の疑い）。

多動傾向・強迫傾向・こだわりがあるが，対人関係をとろうとする意欲はみられる。知的発達レベルは正常で，現在通常学級に在籍している。「寺子屋さくら」には4ヵ月前から通い始め，夏の療育キャンプには昨年から参加している。母子分離はスムーズであったが，キャンプ2日目までの疲れと，集団で宿泊し，夜間物音がすることに過敏になり，あまり眠ることができないまま，キャンプ3日目の心理劇セッションに参加した。

② 心理劇：こびとさん，たすけて～

ウォーミングアップ　自己紹介と，今の気持ちを発言してもらった後，簡単なゲームを行った。その後，キャンプ中で楽しかったことや嫌だったことを3人1組のグループ（対象児・対象児のトレーナー・補助自我スタッフ）で話しあう。他の対象児は全て，「キャンプファイヤーが楽しかった」，「バーベキューがおいしかった」など，楽しかったことを劇にしたいと言うがJ次郎のみ「昨日の夜ねぇ，誰かのいびきがうるさくて眠れんかった」と，ネガティブなことを発言する。楽しかったことをいくつか劇化した後，J次郎の劇を行うことになる。

劇　J次郎にどのような場面をしたいか尋ねると「昨日の夜，トレーナーのP先生のいびきがうるさくて寝られんやった，でもキャンプ場に住んでる小人が出てきてP先生の鼻をつまんでくれたので，静かになったよ」と言う。本人の希望と指名によりJ次郎役は本人自身が行い，P先生（J次

図4-5 こびとさん，たすけて～

郎の担当トレーナー）もＰ本人が，キャンプ場に住んでいる小人には補助自我（本書の執筆者の一人池田氏）が行う。

　Ｊ次郎の話したとおりに劇を進めると，それまで眠れずにいらいらした様子だったＪ次郎が，小人を見てニコッと笑い，その後，ゆったりとした表情で目をつぶり，劇を終了する（図4-5）。

シェアリング　Ｊ次郎は「小人が出てきて，よかった。眠れた」と言い，Ｐ先生や補助自我の池田氏は，ともに「Ｊ次郎君が眠ることができてよかった」と言う。

　③　劇後の様子とまとめ

　劇をはじめる前までは，どことなく元気がなかったが，その後は楽しげにキャンプに参加できていた。トレーナー（Ｐ先生）との関係も良好で，キャンプ最後のお別れの場面では，２人で名残惜しそうに握手していた。

(3)　ま と め

　以上のように，年齢の低い自閉症および近縁の発達障害児に対しても，

心理劇を有効に適用することは可能である。その時には，年齢が高い対象児よりは多少場面作りをシンプルにして，短い時間で行うことが，集中力を持続するために有効であろう。

（髙原朗子）

第 5 章　臨床現場での心理劇の展開

1. 特別支援教育におけるマニュアル

　今までの章では，心理劇の歴史，自閉症児他近縁の発達障害児に心理劇を適用することの意義や実践事例について述べてきた。心理劇を彼らに適用することは意味があると思われる。しかしながら，実際の臨床の場では，心理劇の手続きを全て施行することは時間・場所・人員上の制限などから難しい。

　そこで，本章では，学校をはじめとする臨床場面で心理劇の考え方や内容の一部をどのように利用できるかについて，目的と方法を提案する。

(1) 養護学校での実践事例

　筆者は指導していた学生とともにある養護学校の中学部にて，軽度知的障害（ダウン症児を含む）と自閉症児に心理劇の理論を利用しての帰りの会活動を企画・実践した。その中で，軽度知的障害児と自閉症児のコミュニケーションの問題，言葉の表現の問題，表情の乏しさの問題，症状の違いなどについて比較検討した。それらの実践を，手続きや方法を中心に，以下に報告する。

　1）実践の目的

　学校生活における「集団適応」とは，児童・生徒が「授業中は，教室か

ら外に出ない」「教師の指示に従う」など知的障害児が集団状況で「自分勝手な行動をしないようになる」という大人に対する服従性に主眼が置かれることが多い。しかしながら大人からは勝手に見える行動の中には，彼らの欲求や願望から出発した行動もあり，自発的活動と判断されるものもある。教師の指示に従うように，勝手な行動をしないようにと指導することによって，特に知的障害児は自信をなくしやすいので自発的行動をすること自体をやめてしまうのではないかと考えられる。しかし当然のことながら，すべての自発的行動が許されるわけではなく，彼らに求められるのは自己統制しながら適応行動をとることである。以上の点を中心に据え，帰りの会の場面で心理劇的方法を施行した。

　2）方法

対象児：養護学校中学部1年生，男子5名（内　自閉症3名・軽度知的障害1名），女子2名（軽度知的障害を伴うダウン症），計7名

場所：L大学教育学部附属養護学校　中学部1年の教室

セッション：1回につき30分程度，3ヵ月（10回），帰りの会の時間を利用した。

　3）内容

　① 「みんなでダンス」（10分程度）

　毎回決まった歌謡曲を流し，皆でダンスをする。一人ずつ順番に先生役を取り，先生役になった人は自分の好きな動きをする。他の者は先生役の踊りや動きを真似する。ここでの目的は①緊張を解きほぐし，リラックスする。②毎回同じことを行うことで変化に戸惑いやすい自閉症児を落ち着かせる。③今日は誰が元気があり，誰が元気がないかを監督が把握する。

　② 　ジェスチャーゲーム（15分程度）

　「朝起きて学校に来るまでに何をするか」，「学校から帰ったら何をするか」，「好きな遊びは」，「好きな動物は」などをジェスチャーのみで表現させる。何を表現しているのかを他者が答える。答えることができにくい生

徒には，絵カードなどを臨機応変に利用して選ばせる。目的は自分が表現していることが他者に伝わることを狙う。少しでも自分で考えて表現する。他のものに注意を向けるように促す。

③　シェアリング（5分程度）

毎回の最後にシェアリングを行う。具体的な内容は彼らの表出能力を考慮して「今の気持ちは，どうですか」と聞き，前もって作成した気持ちを表す3枚の表情カードの中から選ばせるようにした。そのカードは「笑っている」，「怒っている」，「泣いている」であった（第3章図3-9参照）。

4）実践のまとめ

ここでは，各事例の経過は省略するが，以下3点のことが観察された。

①　自閉症児と知的障害児の違いについて

自閉症児と知的障害児では，表現の仕方に，それぞれの特徴が現れた。知的障害児3名は，積極性があり，すぐに場面を楽しむことができたが，自閉症児については，何回かのセッションを行ってやっと場面に慣れることができた。

また知的障害児はダンスも楽しんでいたが，ジェスチャーゲームで様々なイメージを持ち，より積極的な自己表現が可能であった。一方，自閉症児については初めの数セッションはなかなか参加できなかった。10セッションの後半に入ってやっと，ダンス課題は何とか自己表現できてきた。

②　メンバーの関わりによる変化

①で記したように，自閉症児は知的障害児に比べると変化が少なかったが，知的障害児が毎回自閉症児に「ほら，やってみてよ」，「できるでしょう」などと言って積極的に働きかけたことで，自閉症児の興味・関心が高まったことが観察された。このことから，クラスでの仲間意識の深まりに心理劇的働きかけが役に立ったと思われる。

③　シェアリングについて

毎回，セッション最後では，気持ちを表す3枚の表情カード（「笑っている」，「怒っている」，「泣いている」）の中から1枚を選ばせるようにし

た。知的障害児は初回から、今の気持ちを的確に選ぶことができたが、自閉症児は自分で選ぶことが初めは難しかった。自閉症児にとっては、3枚のカードの意味自体が分からず、ましてや自分の気持ちに近いカードを選ぶなど困難なことであり、適当にカードを選んだり、全部選んだりしていた。そのようなとき、知的障害児の一人が「○○君（ある自閉症児のこと）は嬉しそうだよ」などと言ってくれて、「これ（笑っている表情カード）を選びなさい」と教えてくれることがあった。このようなやりとりによって10回のセッションの後半では、自閉症児3名もかなり的確に表情カードを選ぶことができるようになった。

　以上3点の結果より、心理劇的方法における「集団活動の中で見られる自発性の観察」のための細かな枠組みをもとに観察することで"自発性"の様相が立体的に整理され、その多様性や幅の広さに基本原理としての"自発性"の意義を改めて見出すことができた。一言で"自発性"と言っても、その幅は広く、表情・動き・発現・発想・他者とのかかわり方などいろいろな面から一人ひとりを観察することができた。

　また、心理劇のいわゆる劇化の段階までには至らなかったが、ジェスチャーゲームを通してドラマの段階に必要とされる自発性の発動が見出された。ところで、心理劇は苦痛を伴うものであってはならない。特に本研究で対象となった生徒たちはコミュニケーションをうまくとることができないことが本質的な障害であるため、苦痛かどうかを表現することも難しい。だからこそ、無理に劇化に至らなくとも丁寧な分析が必要であると思われる。あくまでも自然に自分自身を表現できる"場"を設定することがコミュニケーション能力の向上にはある意味必要であろうと思われる。

(2) **特別支援教育における実践マニュアル**

　上記の実践報告は一つの活用の仕方であるが、その他の実践マニュアルとして、筆者らがよく行う実践内容をいくつか紹介する。

① ウォーミングアップ

ねらい）

　参加者が劇を始めるにあたり，心理的身体的準備性を高めるために行われる。心身のリラックスを図り，これから演じられる主題を自然な会話から見いだしたり，その場に集まった人が，仲間として互いに親和性を高め，演じやすい雰囲気をつくるために行われる。本書の対象児に対しては，その特性を充分考慮して，他者との関係作りや自分らしい表現を認めるような内容を取り入れてゆくことが必要である（第1章，第2章参照）。

a. 挨拶　「今から心理劇を始めます」，「お願いします」など，その場にあった挨拶をする。監督である支援者（教師など）が言うこともあるが，子供たちに言ってもらうことも多い。

b. 自己紹介　普通に自己紹介することもあるが，名前を言えない子供などに対しては，名前を呼んで手を挙げさせるというやり方でもよい。また名前に加えて，「好きな食べ物」，「趣味」，「今，はまっているもの」など，1つか2つの項目を考えさせ，自分らしさを表現させることもできる。

c. 今の気持ちを聞く　「今の気持ちは，どうですか？」と監督が尋ね，「嬉しいです」，「楽しくないです」など表現させる。自己紹介とワンセットで行うことも多い。うまく言えない子供（ワンパターンの答えしか言えない子）に対しては，絵カードや文字カードを利用して，もしくは，補助自我や他児に代弁してもらう。

d. 順番を決める　「お誕生日」，「朝，起きた時間」，「朝起きてから，学校に到着するまでの時間」など，いくつかのことで順番をきめ，1番・2番～と順に座っていく。「朝，起きた時間」，「朝起きてから，学校に到着するまでの時間」など（のテーマで座るというゲーム）を行うことで，「家が遠いのに，寝坊している子」，反対に「家が近いのに，早起きしている子」などの把握ができ，子供たちの生活状況も把握できる。

　その他，応用形では，順番は本来決められないが，今の気持ちで「もうここから出て行きたい」，「楽しくて仕方がない」など，気持ちの順番を決

めるというやり方もある。気持ちの順番は、本来は決められないけれど、あえて自分で意識して順番を考えることに意義がある。他にも、「○○（たとえば食べ物、歌手など何でもよい）が好き」な順番など、様々に応用可能である。

今の気持ち「楽しかった」、「楽しくない」、「劇をやりたい」、「劇をやりたくない」などを確認することで自発性をある程度把握し、後半の劇化の配役選びの参考にする。その折には、「やりたくない」、「楽しくない」などのネガティブな気持ちを認めることも必要であり、これも自発性だと考える。この課題では、並ぶためには、話し合い、コミュニケーションをとることが必要であり、コミュニケーションをとる練習になる。また、自分の隣になる人は、自分と意見が近い人であることを意識させることも、仲間作りのためには重要である。

e. **フルーツバスケット** 椅子取りゲームの一種であり、最初は、参加者を3～4くらいのグループ（例えばりんごグループ、みかんグループ……）に分け、椅子に輪になって座ってもらう。椅子は全員の数から1つ足りない状態で、はじめは監督や補助自我が椅子のない鬼になり、皆の真ん中に立って「りんご」など言う。「りんご」と言われたら、りんごグループの人は椅子から立ち、今座っているところではない別の椅子に座る。その間に、鬼はあいている椅子のどこかに座るため、1人座れない人が出てきて、その人が次の鬼になる。

その応用形として、「朝、パンを食べた人」、「白い靴下をはいている人」など自分のことを考えながら動くこともでき、さらに、「今楽しい人」、「劇をしたい人」など劇化に向けての様子をうかがうこともできる。

f. **ジェスチャーゲーム** 「動物の真似」、「友人の真似」など様々なことをジェスチャーで行う。「朝起きてから、学校に来るまでの自分」など、プレドラマとしても位置づけられ、次の劇化に至ることもある。言葉を使わないで、純粋にジェスチャーのみで行う場合や、多少話すことも認めるなど柔軟に表現させるとよい。

g. **他己紹介** もっともシンプルな形式は，2人組を作り，自己紹介ではなく，ペアの相手を「この人は○○さんです」と紹介する。応用形として，ペアになった子供自身になったつもりで（花子）：「僕は太郎です」，（太郎）：「私は花子です」とお互いに相手になるべく似せて表現する。自己紹介の項と同じく，「趣味・好きな歌手」などを加えてもよい。他己紹介は，皆の前で発表する前に，ペアの2人が互いに話し合い，相手のことを知ろうとする課題であり，コミュニケーション力の向上につながる。また，他者になる補助自我体験にもなる。

h. **私の宝物** 自分の大切な物（愛用品・人やペットなどでもよい）をイメージさせ，皆の前で紹介する。ここでも，他己紹介のように，「私の大切な物は，○○です」というシンプルな形式から，その物自身になったつもりで（花子）：「私は花子さんのランドセルです」と言ったり，（花子）：「私は花子さんのランドセルです。花子さんは私を乱暴に扱うので，いつも体が痛いです」など擬人化して表現する応用形もある。この話が，劇化につながっていくことも多い。

② 劇化

ねらい）

　監督から示唆されたテーマや，主役が提出したテーマに基づき，監督がいくつかの技法を使って場面を構成し，主役や演者によって演じられる。主役によって必要な他の役（登場人物や物・場面）が告げられ，それらは補助自我や主役以外の対象者が演じることになる。実践開始初期には，比較的表面的な楽しい場面が劇化され，実践が深まっていくと心理的内容の強いテーマも取り上げられるようになる。本書の対象児については，その独特な世界観を認める方向で柔軟に劇化する必要がある（第1～4章参照）。

a. **グループで考える劇** 5～8人くらいのグループに分け，各グループで季節の風物や，楽しい行事，小さいころの思い出など劇を自由に考えてもらう。

たとえば「夏と言えば……」で，スイカ割りや虫取り，海水浴，花火などの劇をする。皆が一緒にごっこ遊びを行う。人だけでなくスイカや，虫，魚，花火などの役にもなる。

b. 個人の問題に焦点を当てていく劇 本人の過去・現在のことや悩み，「大きくなったら何になりたいか」など，劇化する。また自閉症児やアスペルガー障害児の場合，本人のファンタジーを劇の中で実際にやってみると，現実とファンタジーの区別がつくことも多い。さらに，対人関係，問題行動の解決などの劇につなげていくことも可能である。

c. 自分への手紙 劇の形式で行えないときや，文字で書くなどの方が本人の参加意欲が高い場合には，役割書簡法（ロールレタリング）という方法を行うこともある。役割書簡法とは，自己から他者に，また他者の立場から自分に手紙を書き，書簡（手紙）を使って，自己と他者の役割を転換し，気持ちを体験する方法である。例えば，「自分の親になったつもりで，自分に手紙を書く」，「（将来の）自分から，（現在の）自分へ手紙を書く」などのテーマで手紙を書いて，他者の立場（もしくは架空の自分）に身を置くことで，今の自分を見つめ直す作業である。やり方は対象児の状態に合わせて様々に応用できる。このことを皮切りに劇化していくことも可能である。

d. 紙芝居・物語の劇化 即興で劇化するのが困難で，子供たちがうまくできないときには，既存の紙芝居や絵本を読み聞かせ，それらの役割を即興でやってみる。応用形として，子供たちに，その物語にはないキャラクターを考えたり，自分たちの時代や，未来の話にするなど少しずつアレンジさせていく。ただし，男女の性別を逆にするというような（例えば桃太郎→桃子など）アレンジは，発達途上の子供たちには，性役割を混乱させることになるので，あまりやらない方が望ましい。また，一人ずつ「むかし，むかし……」から始まる話を一文ずつ順番に言ってもらい，できた物語を皆で劇化するなどの応用も可能である。

例）
太郎：「むかし，むかし，火星人がいました」
花子：「火星人は，海に魚釣りに行きました」
次郎：「そこに，イルカが来ました」
好子：「火星人は，イルカさんに話しかけました」……。

e. **人形劇**　スタッフが少ないときや，子供が少ないときなどに，本人たちが役割を演じるのではなく，人形（指人形・ぬいぐるみなど）に役を与えて，話をさせたり，活動させたりする。自分たちでペープサート（紙やわりばしなどで作った人形）をつくるところから始めても楽しい。ただし，教材作りに力を入れすぎると，心理劇的方法の持つ即興性や柔軟性が失われるので，導入期や特別な企画として行うなど，状況を考慮すべきである。

　以上，いくつかのやり方を提案したが，要は，心理劇の考え方を様々に応用していただければ幸いである。詳しくは，第3，4章を参照して欲しい。

　③　シェアリング

ねらい）
　参加者が気持ちを共有すること。とりわけ，主役の表現してくれた物語や，それを演じた主役に対して，共感の気持ちや出演してくれたことに対する支持を表明すること。自閉症児の心理劇では，イメージを共有したことを確認する意味もある。本書の対象児に対しては，一般的なやり方とほぼ変わらないが，監督や補助自我は，より具体的な声かけをし，わかりにくい単語については説明を行うなどの配慮が必要となる（第1，2章参照）。

a. **感想を聞く**　主役はもちろん，演者全ての感想を聞く。感想は観客からも聞く。そのときには，主役に対する批判的な発言（「○○さんは，演技が下手でした」など）は控えるよう，はじめに伝えておく。感想が出た

ら，皆の前で表現できたことをしっかりほめる。

b. **今の気持ちを聞く**　ウォーミングアップでも「今の気持ち」を聞いたが，その時との違いを本人に意識させる。各自，発表させるのが基本形であるが，応用形として，参加者全員に目をつぶってもらい，はじめに感じた気持ちとどう違うのか意識させ，「はじめより楽しくなった人」，「はじめより嫌な気持ちになった人」などと言いながら，自分の気持ちに近いときに挙手してもらう。うまくグループが進むと，はじめより，気が楽になった，楽しかった，やってみてよかったと言う人が多い。また，はじめより不安が増した，きつかったと言う人に対しては，その気持ちを表現できたことを肯定的に評価することが大事であり，その表現をすることで監督はその人が何を訴えているかに敏感になることが重要である。

c. **役割解除（デロール）を丁寧に行う**（第2章，p. 38参照）　役割解除とは「あなたは，今演じた○○さんではありません，いつもの△△さんに戻ってください」などと言って，日常の自分に戻る作業である。時間がないときには，「みんな，X年Y組の，元の自分に戻れ」など監督（教師）や代表の子供が言うこともある。そして，いつもの自分に戻ったということを，しっかり意識させることが重要である。

2. 福祉施設での適用例とマニュアル

(1) **知的障害者への心理劇（その1）**
　　　──イメージを喚起するウォーミングアップを導入して──

1) 実践の目的

　筆者らが関わっているX学園，Z更生センターでは，発達障害者に特徴的な情緒的かつ社会的関係の障害の軽減を目指すため，また，知的障害者においても同様にうまく他者と関わる力を養成するために15年にわたって心理劇を施行してきた（第1章参照）。児童期の発達障害児にとっては大きな問題となる多動や激しいこだわりについては加齢とともに，また，

適切な治療教育によって軽減する場合が多いが，成人してもなお残る問題として対人的情緒反応や他者との共感的関わりの困難さが挙げられる。

　そのために心理劇場面では自分の気持ちや意志を表出するドラマ作りを試みてきた。さらにシェアリングでは演じた後の今の気持ちを問うことでドラマで行ったことへの気づきや再認識を促すよう働きかけていった。さらにメンバー間の仲間意識や好き嫌いなどの人間関係についても分析してきた。本節では，その中のウォーミングアップの部分に焦点を当てた実践を報告し，他の福祉施設でも実践可能な形式を提案する。

　スタッフの一人松井は，1996年6月に英国心理劇学会（以下，BPA）主催の心理劇ワークショップ（表5-1）に参加し，いくつかのセッションを体験してきた。その内の一つである［PLAYING THE VERB――言葉を演じる――］のセッションにて行われた内容が本学園の利用者にそのイメージの促進をはかり，さらに社会適応能力を高めるために有効ではないかと考えた。本節では3回不定期に行った［PLAYING THE VERB］のやりかたを応用した心理劇のウォーミングアップの様子を報告し，その効果について検討を試みるものである。

　2）方法

目的：自閉症者や知的障害者の感情表出や他者の行動・気持ちの洞察，理解能力の向上・促進を目指す。

日時：2週に1回，1セッション約1時間

対象者：自閉症者8名，知的障害者9名

スタッフ：SV 2名，監督1名，補助自我3〜4名

　対象者の選考理由としては，ある程度会話可能であり，知的レベルが中度から軽度のものとした。また，日常生活の様子から心理劇を行うことで他者を混乱させるような可能性の大いにある入所者は別の療育が適当と考え，対象外とした。

　3）これまでの現状・課題

　これまでのX学園での心理劇の取り組みを述べると，ウォーミングアッ

プでは主に簡単なゲーム，自己紹介――音楽を使ったもの・ゆっくりと体を動かす体操・簡単なルール理解を必要とするゲームなど――を今まで行っていた。たとえば，言葉を使わず身体のみで物事を表現するジェスチャーゲーム，言葉を使うフルーツバスケットなどであった。これは劇化への導入をしやすいものにするためであった。今までの内容は体験したことの再現や体験したことのない者にとっては訓練となるような現実的な内容のものであり，人の役割を演じたりすることはある程度可能であったが，もの（物体）になったり現実にはあり得ないことを演じるとなるとイメージが湧きにくく上手に演じることはできていなかった。

　さらに，劇化の段階では感情を適切に表現したり，他者を意識するようなドラマづくりや言葉のみでなく，姿勢や表情による表現や，ジェスチャーを用いてのイメージを促進するようなドラマづくりを試みてきた。具体的に施行してきた時期に沿って整理すると，第1期は，本人の問題をストレートに扱ったものや本人の過去に経験したものをそのまま劇化するということから，第2期では，徐々に時間，空間的広がりを持たせたものを行い，さらに第3期ではより内面的な問題を扱ったものや，感情表出を伴い自分や他者の理解に向かっていく内容に変わっていった。

　その結果，グループの仲間意識が増したり，ある程度自発性・創造性を要求されるような課題でも劇の中で表現できるようになったなどの経過が報告された。また，自閉症者と知的障害者では心理劇での体験の深まりに伴う行動に変化が見られたことも示唆された。しかし，自閉症者・知的障害者どちらにも共通していえることは難しい課題になると動きが鈍くなったり混乱して役がとれなくなったりすることであった。

　4）イメージを喚起するウォーミングアップの導入

　松井は1996年6月英国心理劇学会（BPA）に参加した。そこで体験したワークショップ［PLAYING THE VERB］は，「物になるということ」や「現実では絶対にあり得ないこと」をイメージしていくというものであった。そこでX学園の入所者に対する心理劇にこのやり方を導入するこ

とで前述した課題を改善できるのではと考えた。

　また，ウォーミングアップでイメージを喚起させることができれば，劇化の場面においてイメージの質が向上し，いろいろな役も上手に演じることができるのではないかと考え，より柔軟に思考したり発想したりできるようにすること，また，対応力・耐性を育てるなどの思考活動の活性化を目的とし，その技法を導入した。

　このやり方のうち，知的障害者や自閉症者向けに言葉を換えたり，若干表現を易しくし，われわれスタッフでアレンジしたものを「イメージを喚起するウォーミングアップ」と命名し，行った。オリジナルの［PLAYING THE VERB］（表5-1）との違いは言葉かけをゆっくり二度行うこと，少し時間を短くしたことなどである。

　また，監督は「イメージを喚起するウォーミングアップ」では同一の内容を毎回行ったが，その教示の在り方をなるべくオーバーに意識的に行っていった。特に3回目では繰り返し同じ言葉を言うようにした。

5）実践のまとめ

　このようにイメージを喚起するウォーミングアップを導入していろいろな変化が認められた。原因としては，イメージを喚起するウォーミングアップでは「～になりましょう。～になりましょう」とか，「～になりますよ。～になりますよ」とか，簡単な単語で2回続けて課題が提示され，さらに，長い文章ではないため自閉症者や知的障害者にもわかりやすいということが一つ挙げられる。英語圏でのワークショップという母国語以外の言語が用いられた松井自身の［PLAYING THE VERB］セッションでの体験からも，このウォーミングアップの課題提示がわかりやすく，そのためイメージしやすく，表現しやすく，さらに他のメンバー（松井以外は英語圏の人たち）とコミュニケーションしやすいものであったことは明らかである。また，イメージされたものを動作にするときに他者の動作や自分の動作がどうであるかをチェックしやすい内容になっており，視覚的フィードバックが容易であることも表現に変化が見られた一因であろう。

イメージを喚起するウォーミングアップはわりと内容がシンプルであるため，当初，危惧されていたこととして，毎回同じ表現しか観察されないのではという不安があったが，予測に反して毎回どのメンバーにも表現に変化が見られた。このシンプルなウォーミングアップがなぜ，また，どのように作用したためマンネリに陥りがちな自閉症者や知的障害者の様々なイメージを喚起したのだろうか？　一つの仮説としては，この課題は何が正しくて何が間違っているかが，いい意味で明確にならず，不安を生じさせない内容であるため，それぞれが自由に表現できる状況ができあがっていたことが考えられる。また，もう一つの仮説としては，このウォーミングアップが構造上，メンバーのその日の体調や心理状況，さらにはその日の対人関係の在り方などを，ある形で反映させうるものであるからではないかと考えている。

　また，知的障害者と自閉症者では補助自我や他者の介入の在り方によってその言動に違いが見られた。知的障害者は補助自我や他のメンバーの関わりや言葉かけがあっても自分なりの表現を続けることができた。しかし，自閉症者は関わり手の関わり方によっては表現できていた自発的な動きがなくなり，関わり手の模倣に終わることが観察された。イメージを喚起するウォーミングアップのオリジナルである [PLAYING THE VERB] は補助自我のためのセッションであり，補助自我はクライエントに対して"癒しの気持ちを持ちつつ，クライエントの自発性を高める"働きかけを行うことを主目的としている。特に自閉症者という対人関係をとることが困難である事例に対しては，その補助自我の，または補助自我的関わり手の介入いかんによって，事例の持つ自発性が伸ばされることがある一方で，その力を低下させる可能性もあるということを考慮して今後取り入れなければならないと思われる。

　最後に，このウォーミングアップは約30分の時間を要すこと，また，身体活動量が多くイメージ力を含めた思考活動もかなり必要とされることから，このウォーミングアップ自体を一つの劇（療法）として位置づける

ことも可能であろう。また，ウォーミングアップの中に場面を展開するような対象者自身の言動が出現していることから意図的に劇として展開することもできると考えられる。

表5-1 BPAで［PLAYING THE VERB］（言葉を演じる）を体験して

内容 参加者 20名以上　注）もちろん，人数が少なくても多くても応用可能である。 1）全員が大きな一つの輪になり自己紹介をする。自分の名前を言う。 　　（例　I am Tatsuya） 2）ディレクターがボールを一つ取り出す。そのボールを輪になったままの状態で順番に皆に回してゆく。その際，ボールを持ったものは自分の名前ととなりの人の名前（次に渡す人）を言う。 3）ディレクターは皆が皆の名前を覚えたか確認するためにランダムに人を指し皆に名前を言わせる。 　　＊このセッションは動きが多かった。 4）全員が輪になった状態からディレクターの指示で一斉に歩き回る。急いでいる感じで動き回る。急いでいる感じで"sorry""excuse me"など言いながら人混みをかき分けるようにして歩く。 5）他の人の手にタッチする。 　　①全員がバラバラになってフロアーを歩き回り，ディレクターの合図で他の人（1人）の背中に手でタッチする。 　　②ディレクターの合図で他の人（2人）に手でタッチする。 　　③ディレクターの合図で他の人（3人）にタッチする。手以外を使ってもよい。 6）他の人の身体にタッチする。 　　全員がフロアを動き回る。自分は他の誰かの背中に手でタッチする。そして，他の人からタッチされないようにして動き回る。途中，ディレクターから，50％の動きで動くように指示が入る。 7）チューイングガムを演じる。 　　＊床に寝転がりガムのねばねばした感じを体全体で表現していた。 8）赤ちゃんが初めて立つ時を演じる。 　　＊いろいろな表現の仕方があり立った瞬間に転んだり，何かものにつかまったりする人もいた。 9）ゼンマイ仕掛けのおもちゃを演じる。 　　＊それぞれにおもちゃが出す音を声にして出したり，ロボットのおもちゃの動きをしたりしていたようであった。また，ゼンマイが切れかかり動きがゆっくり

となっていくところやゼンマイが切れ動きが止まるところまで演じているものもいた。
10) 自分の目の前にリンゴの木がある。木になっている実を背伸びしてとろうとするところを演じる。次にジャンプして実を取り，リンゴを服で拭き，口に運び一口かじりつくところを演じる。さらに，実をおいしく食べているところを表現する。
＊たとえば，口を大きく動かしたり，実の汁が垂れているのを手や服でふき取ったりする仕草をする人などいた。
11) 二人組になる。一人は自然体でもう一人は自然体で立っている相手を軽く手でプッシュする。プッシュされた方はその力に逆らわず力を受け自然に倒れたりする。プッシュする場所はどこでもよい。何度か繰り返した後，交代する。

次に，一人が前回同様自然体で立つ。今回は腰にベルトや鎖が巻かれているところを想像する。つまり，プッシュされても動かないのである。もう一人は前回同様相手を軽くプッシュする。何度か行ったあと交代して同様のことを行う。
12) フラフープ
身体全体でフラフープを使っている様子を演じる。
13) 頭に大きな木が生えていることをイメージして歩き回る。
他の木（人）にぶつかったりしないように，また，うまくバランスをとって木が倒れないようにして歩く。
14) 手を軽くスイングさせたり，足を軽くスイングさせたりする。
この動きは上記のような動きの合間合間に取り入れられていた。身体や心をリラックスさせたり，次の動きをスムーズに行うために取り入れられていたようだった。

(2) 知的障害者への心理劇（その2）
―― 今の気持ちを色で表現すること ――

1）実践の目的

次に，福祉施設を利用している知的障害者や知的障害を伴う自閉症者に対して施行した心理劇的方法の一例を紹介する。

「今の気持ちを対象者に聞き，言ってもらう」ことは，筆者らの行っているウォーミングアップの段階で，ほぼ取り入れているやり方であるが，言語能力の低い自閉症児には思ったよりも難しい課題である。「嬉しいで

す」,「元気です」など, 形式化した言い方の人も多い。そこで, 今の気持ちを色で表現する方法をとり, この現状を改善できたらと考え, 以下のようなやり方で実践した。

① 今の気持ちを色でたとえる。
② その色から思い浮かぶものを挙げる。
③ 思い浮かんだものを劇化する。

以上, 3段階に構成した方法を紹介する。

2) これまでの現状・課題

ウォーミングアップにて, 主に簡単なゲームや自己紹介を行った。自己紹介では「今の気持ち」を発表させたが, その目的は, 対象者個人の感情表現の向上や自己への気づき, そのときの対象者の状態を監督をはじめスタッフが把握するためであった。しかし, 言語能力の低い知的障害者には難しいことや, 自閉症者にとっては毎回同じような言い方をすることが難点であった。自分の気持ちに対しての気づきも十分ではなく, その原因として言語能力の低さから来る表現の幅の狭さ, 難しさが考えられた。そこで, マンネリ化を打破するために「今の気持ちを色で表現する」というテーマで心理劇を行った。

3) 事例の概要：H子

状態像：自閉的なこだわりが強く, かつ過敏で, 小さいころから現在に至るまで他者とかかわるときにはチックが出ていた。表面的な応答は可能だが, ひどく緊張し, 体がこわばってくる。知的能力は高く, 描画能力は写真のように模写することができるし, 電話番号や車のナンバーは完璧に暗記する。日常生活場面でもかなり自発的な感情表出が可能になってきた一方で, いまだに自他の区別がつかず混乱したりすることもある。

4) 実践のまとめ

1回目には「今の気分は, 昨日山に行って汗をかいて, きつかったです。色は茶色みたいな緑」と言ってきた。劇では, ねずみ色から出てきた「シトシト」という場面を行った。「シトシトシトシト」と他者が言いなが

ら近づいてくると嫌そうな顔をしていた。場面が展開し，料理の場面では，ピザのピーマン役になった。ピザが焼かれる時には上手に焼けている様子を演じていた。また，シェアリングでは「チーズがとろとろしていた」と言った。3回目には「おうちにいる気持ちが良いそうです」と言った。4回目には「黄色，嫌な気持ち」と言った。どうしてそうなのか監督が尋ねると「クイズダービーだから」と言った。劇化では，本人は黄色から思いつくもので「ちょうちょ」を演じた。本人は両腕を後ろに回し，上体を左右に揺らし，小刻みに素早く足を運び蛇行し「ちょうちょ」を演じた。劇化のテーマに取り上げられたとき，「飛べないちょうちょ」であると言った。また「高くジャンプしないと，飛べないもん」と言っていた。この日は心理劇の時間の前後に少し不安定な状況を示す言動が見られていた。

　以上のように，色からイメージされた「もの」を演じることは大変抽象的で難しいことであるが，4回の施行でも対象者の独自の表現が見られた。このことは7年間の心理劇での取り組みが可能にしたと思われる。

　ただし，注意点としては，このやり方は継続して行うとあげる色がマンネリ化したり，色と感情の関係が固定化し逆効果になる危険性もあるので不定期に行っていくほうがよいと思われる。

　また，この方法での表現を促していくためには，単に自身がイメージしていくだけでなく，他者の言動に注意して聞くという態度が形成されなければならず，補助自我の役割は大きい。

3．家庭や学校生活その他の臨床現場における利用マニュアル

　心理劇は，自閉症児・者の自己・他者理解や社会性能力の向上，情動表出力の促進のためには有効ではあるが，その技法の専門性や複数の治療スタッフが必要であるなど，容易にできないという課題もある（詳しくは，第6章参照）。

第5章 臨床現場での心理劇の展開

そこで本節では，心理劇的考え方を家庭やさまざまな臨床現場でどのように活用していくかについて簡単に述べる。

(1) 心理劇における補助自我的機能を生かした支援

心理劇の中の技法には，ダブル，ミラー，ロールリバーサルなどがあり，劇の中でそれらを適宜活用しての場面つくりがなされる（第2章参照）。

それらの技法を活用することで，主役（クライエント，本書では自閉症を中心とした発達障害者）の他者理解，情動表出を促すことができる。したがって，それらを一般的な支援にも応用できるのではないかと考えた。

① ダブルの考え方を利用した支援の例

子供が，今何をすべきかわからず困っている時に，一方的に指示するのではなく，横に行って一緒に「次はこうしようかな」など独り言のようにして伝えながら，子供の分身になって支援をする。そうすることで，子供はどうしたらいいのかの道筋を知ることができるし，「強制的に〜させられた」という感じを持たずに，何かをすることができる。

具体例）

例1：次の授業で何をするかわからない生徒がいるときに，「次は音楽の時間だから，音楽室に行きなさい」と直接的に言って生徒を引っ張るのではなく，「次は音楽の時間だなあ，私（教師）は，音楽室に行こうっと」などと言って，子供に「次は音楽なんだ，音楽室に行くんだな」と気づかせるようにする。

例2：給食の配膳の時，「右にお汁，左にご飯よ」など提示せず，教師（支援者）が，「あー，そうか，右にお汁を，左にご飯を置こうかな」などぶつぶつ生徒に聞こえるように言って，生徒本人が適切な配膳ができるように促す。

② ミラーの考え方を利用した支援の例

基本は，子供の行動そのものを鏡のように真似てみせ，本人に自分自身

のことを気づかせるように働きかけることである。いわゆるモデリングと同じように，子供の目の前で適切な行動をしてみせ，同じことができるとほめる。また，場合によっては，いけない例もモデリングでみせ，それはだめだと子供にわからせるという方法もある。ただし，単に本人の真似をし，本人を深く傷つけることのないよう注意して行う必要がある。

具体例）
例1：教師が，特別な支援が必要な子供Aの前で，別の子供Bに「B君，今日は仲良くしようね」など言って握手する場面を見せる。Aが同じことをしたら「よくできましたね」と褒める。

例2：友達に乱暴な口をきく子供Cがいるとすると，教師DがCのような口ぶりで他の教師Fに話しかけ，教師Fから「D先生，そんな乱暴な言い方しないでください」と言わせたり，また，教師Fから子供Cに「Cさん，D先生の話し方，ちょっとおかしいよね」などと言って，子供Cに乱暴なしゃべり方を改めるよう指導する。

③　ロールリバーサルの考え方を利用した支援の例

　臨床現場や学校では，先生役を本人にさせることで，自分の立場とは正反対の立場をとらせ，人への話の仕方，全体を見渡すことなど学ばせる。また，家庭でも「学校で先生は，なんと言っていたか」，「誰々君は，何をしていたか」などを聞くときに，他者の立場をとらせて，話したり動いたりするよう促す。ただし，そのときには，単なる物まねや相手を馬鹿にすることのないよう十分留意する。母親と子供でそれぞれ役を決めてやり取りを行ってもよい。

具体例）
例1：教師が，特別な支援が必要な子供Gに向かって「Gさん，今日の朝の会ではGさんに先生役をやってもらいます」と言い，Gさんに「皆さん，おはよう，今日は1時間目は〇〇，2時間目は△△です，忘れ物はないですか？」といつも教師が伝えている内容を言ってもらう。そうすることで，G自身の忘れ物に気づかせ，忘れ物をしないことを意識づける。

例2：学校から帰ってきた子供Wに，母親が「今日（担任の）先生はなんて言いましたか？」と尋ねる。子供は「先生はボクに，『頑張りましたね』と言いました」という言い方ではなく，先生の真似をして「W君，よく頑張りましたねぇ」など，本人が記憶に残っていることをそのまま表現させる。こうすることで，何で褒められたのか，何で叱られたのか，を気づかせ，会話の糸口としていく。

以上，これら3つの方法は，一般的にもモデリング技法などという言い方で行われているやり方であるが，心理劇の理論と技法を意識しながら行うことで，子供の心を理解しやすくしたり，子供に状況をわからせやすくすることができる。

(2) **心理劇の一部や考えを利用した支援**
一般的な面接場面では，クライエントである子供と支援者（セラピスト・教師など）が1対1でかかわることが多く，心理劇のような集団の力を利用した治療はなかなか適用できないことが多い。しかし，心理劇の理論に基づいた面接は可能である。

その場合，たとえば人形を利用して人形ごっこで心理劇のように役割を与え，人形に発言させ，行動させるなどしてそれらを分析し，本人にカタルシスさせる方法もある（本章 p. 123 参照）。

また，1対1の場合，支援者が一人で複数の役割を取って，劇のように問題の場面を再現することで，カウンセリングを展開していくことも可能である。

以上，本節では家庭を含むいくつかの臨床場面で心理劇の考え方や内容の一部を利用するための方法を提案した。この他にも様々な応用が可能であると思われる。発達障害児・者に対して，心理劇の考え方をさまざまに応用・工夫し，彼らの社会性の向上，情動表出力の促進，他者理解の促

進，コミュニケーション力の向上のために適用していただきたい。

（髙原朗子）

第6章 結 論──総合考察──

　第6章では，第3～5章で具体的に明らかにされた自閉症児および，近縁の発達障害児・者に対して実践してきた心理劇の効果について述べる。まず，筆者らの今までの実践の積み重ねから導き出された結論を，①3事例の詳細な分析，及び②34例の障害程度別分析により紹介する。次に，今までの実践から導き出された自閉症児・者への心理劇の効果をまとめ，最後に今後の課題や展望について論じる。

1. 発達障害児・者に対する心理劇の効果
　　　──10年間の実践から見えたこと──

　本節では，10年間，同じ入所施設を利用し，同じような福祉ケアを受けながら，そこでの療育の一つとして心理劇を実施されてきた自閉症者3名の心理劇場面の経過を報告し，自閉症者に対する心理劇の効果を検討する。
　なお，対象者は，各事例とも，第4章で紹介した事例（A太郎・B助・D男）である。

(1) **心理劇の 10 年間の流れ**

① 第1期（全35セッション）…平成3年7月～平成6年3月

X学園は設立当初の平成3年より心理劇を施行，約15名を対象に，はじめの2年はレクリエーション的要素の強い内容で心理劇を施行した。平成4年には実際の生活場面の再現のような劇は可能になり，他の利用者の真似などするようになった。うれしい体験や悲しい気持ちなども少しずつ表現できるようになってきた。この時期は知的障害者の方が自閉症者より参加意欲が高く，両者の違いはこの時点で浮き彫りになった。平成5年になると知的障害者はテーマや主役その他の役割を固定化したがるようになり，心理劇としての形が整ってきた反面，マンネリ化してきた。

② 第2期（全36セッション）…平成6年4月～平成9年3月

参加者を約10名にして，より深い心理劇を目指した。知的障害者は自閉症者へのモデルとしての役割を果たした。施設内のトラブルの劇を多く取り上げ，それは不満のはけ口として機能した。主役が固定化される状況は多少改善された。平成7年からは自閉症者の方が積極的で参加意欲が高まった反面，知的障害者は動きがマンネリ化してきた。

③ 第3期（全40セッション）…平成9年4月～平成13年5月

知的障害者と自閉症者では心理劇場面での反応が違いすぎるため，それぞれに効果的に適用するために別のグループで行うようになった。対象3事例については，平成10年よりX学園に外来相談に来ている高機能広汎性発達障害児・者を含めてクローズドグループにて施行した。長期化する問題や，内面に深く関わって解決していない過去の問題等を思い切って取り上げた。

(2) **事例の経過**

① 役割レベルの変化

全セッションについて，その心理劇の中で各事例がどのような役割をとったかを記録文書およびVTRをもとに集計した（図6-1）。

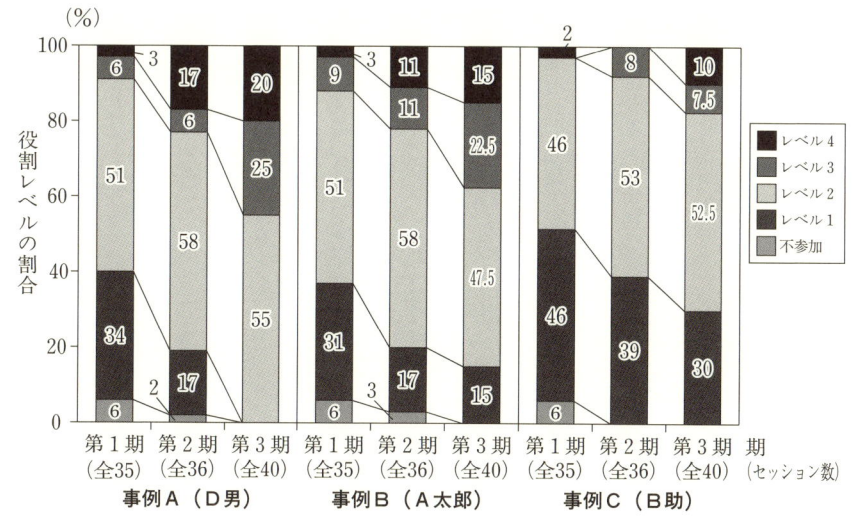

第6章 結　論

役割レベルの割合 (%)

	第1期(全35)	第2期(全36)	第3期(全40)
事例A（D男） レベル4	3	17	20
レベル3	6	6	25
レベル2	51	58	55
レベル1	34	17	2
不参加	6	2	
事例B（A太郎） レベル4	3	11	15
レベル3	9	11	22.5
レベル2	51	58	47.5
レベル1	31	17	15
不参加	6	3	
事例C（B助） レベル4	2	8	10
レベル3	46	53	7.5
レベル2			52.5
レベル1	46	39	30
不参加	6		

役割レベル　　定　義
レベル4：心理劇にて，主役として自発的に参加する。
レベル3：心理劇にて，主役を助ける補助自我関わりをする，もしくは自発性の高い役を演じる。
レベル2：心理劇にて，自発的に役を演じる，もしくは観客であってもシェアリングで発言する。
レベル1：心理劇にて，観客のみの参加であり，劇に対して自発性を発揮しない。
不参加：心理劇に，本人の意思で参加しない。

図6-1　各事例における役割レベルの変化

　なお，図6-1における事例Aは本書におけるD男，事例BはA太郎，事例CはB助を指す（以下，図6-2，6-3も同じ）。
　D男は，第1期ではレベル4（主役）となったのはわずか1回（3％）であったが，第2期には17％，第3期には20％と，積極的に主役を演じた。またレベル3の主役に次ぐ重要な役も第1期・第2期の6％に対して第3期では25％と増えた。さらに第3期に至ると観客という何もしないセッション，および，やりたくないと欠席するセッションは皆無であった。
　A太郎についても，第1期ではレベル4となったのはわずか1回

（3％）であったが，第2期には11％，第3期には15％と増えた。またレベル3はもともと第1期から9％と比較的多く観察されたが，第2期には11％，第3期では22.5％と増えた。一方，レベル1の観客だけであったセッションは第1期では31％であったが，第3期に至り15％と減少した。

B助は，第1期・第2期ではそれほど変化がなく，せいぜい皆と同じように動くレベル2が第1期で46％，第2期には53％であり，第3期でも52.50％とそれほど変化していない。しかし第3期には，レベル4が4セッション（10％）とやや増えた。今まで何をやっているのかあまり理解できず，なんとなくわかる場面は周りにあわせていたのが第3期に至

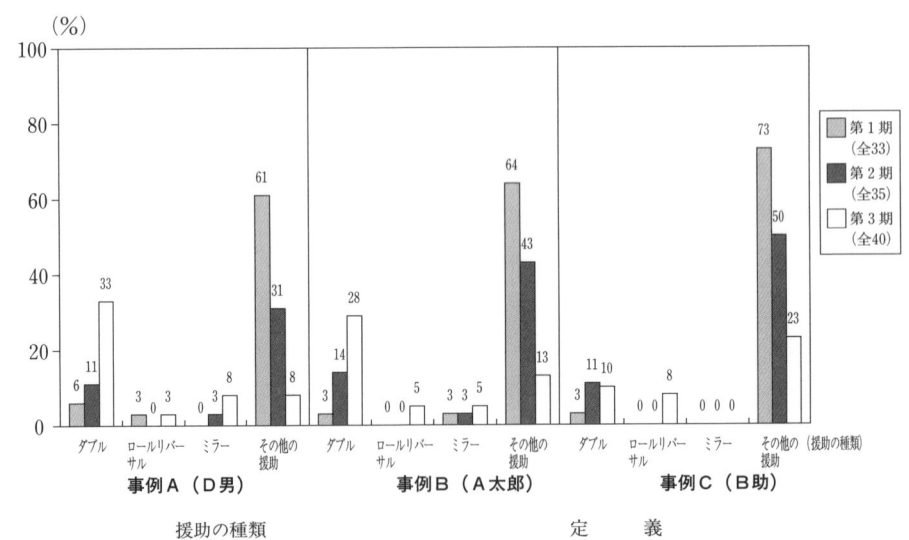

援助の種類	定義
ダブル（Double）	：対象者と同じ人格を場面の中で援助者が演じてみせる。
ロールリバーサル（Role Reversal）	：対象者に本人とは違う役割を演じてもらい，援助者は対象者の人格を演じる。
ミラー（Mirror）	：対象者に観客となってもらい，場面では援助者が対象者を演じる。
その他の援助（Other Support）	：直接的な促しや場からの逸脱を止めるなどの援助。

図6-2　各事例に対する援助の変化

第6章 結 論

り，わずかではあるが，レベルの高い役を取ることができてきた。

② 援助の種類および自発的動き

全セッションについて，補助自我が各事例に対してどのような援助を行ったか分類した（図6-2）。

なお，同一のセッションで同一人物に対して複数の援助を行うこともあり，また，必ずしも援助が必要でないセッションもあるので，全体の総和は全セッション数とは一致しない。さらに，全セッションについて各事例が自発的に演技したり，発言したことを自発的動きとしてカウントした。以上についてまとめたものが図6-3である。

D男は，ダブルによる援助は第1期6％，第2期の11％に対して第3期では33％と増えた。一方，第1期では直接的な促しを中心としたその他の援助の割合が高く，61％であったが，第2期には31％，第3期には8％と減った。さらに自発的動きは，第1期・第2期でそれぞれ24％・29％であったのが，第3期に至ると78％と急増した。ロールリバーサル

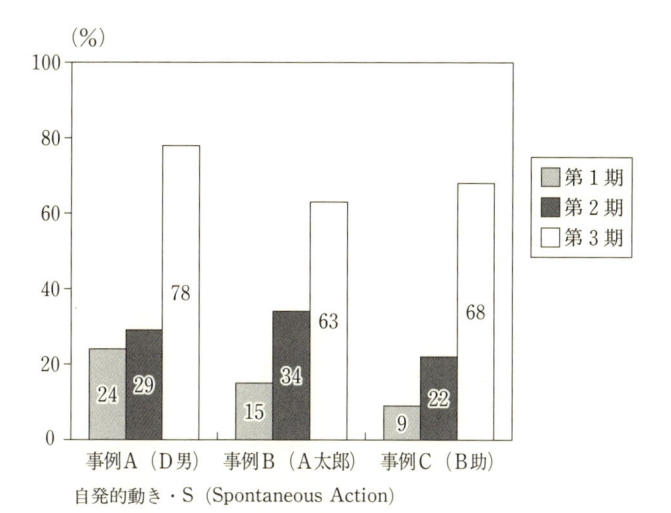

自発的動き・S（Spontaneous Action）
　定義　対象者自身が自発的に演技したり発言したりすること

図6-3　各事例における自発的動きの変化

による援助はあまり行われず，3事例の中では一番知的能力の高いD男でさえ，難しいことが推察された。

　A太郎についても，ダブルによる援助が，第1期でわずか3％であったが，第2期には14％，第3期には28％と増え，一方，その他の援助は，第1期64％，第2期の43％に対して第3期では13％と減少した。さらに自発的動きは第1期では15％であったのが，第2期で34％，第3期では63％と増えた。

　B助に対する援助は，第1期では直接的な促しを中心としたその他の援助が73％で，それ以外はほとんどみられなかった。しかし，第2期・第3期にはわずかながらダブルによる援助がそれぞれ11％・10％とみられた。全セッションにわたり，ロールリバーサルやミラーによる援助はほとんど適用されなかった。しかし，自発的動きについては第1期で9％であったのが，第2期で22％，第3期に至ると68％と増し，B助は特別な援助がなくとも自発的な動きが増えたことが推察された。

2. 発達障害児・者に対する心理劇の効果――34名の事例の評価――

　前節では，3事例の縦断的変化を追ったが，引き続き本節では，3年以上継続して心理劇を適用してきた対象者4タイプ（計34名）それぞれの心理劇の経過をVTRで記録し，共同研究者とともにその分析を行った（髙原，2003）。そして，表6-1の視点に基づき評価したところ，表6-2のような結果を得た。

　どのタイプの自閉症者においても共通して効果が認められた点は「状態評価」，「対人的相互作用」，「社会性」の促進であった。従って，心理劇により自閉症およびアスペルガー症候群の状態を把握することができることや，彼らにとってこれまで困難とされてきた点を成長・改善することが可能であることが示された。なお，「状態評価」は支援者側の視点を中心とした項目であり，「対人的相互反応の向上」，「社会性の育成」，「情動表出

第6章 結　論

表6-1　心理劇的方法の効果評価内容

	定　義
状態評価 (援助者の見立て)	対象者の現在の興味関心や認知・情動特性などが，表れたかどうか
対人的相互反応の向上 (個人の外的変化)	対人的相互反応が認められた，もしくはそのレパートリーが増えたかどうか（主にDSM-IVの自閉性障害A-(1)に対応）
言語表出の促進 (個人の外的変化)	意思伝達のために使用する話し言葉や会話が認められた，もしくはそのレパートリーが増えたかどうか（主にDSM-IVの自閉性障害A-(2)a，bに対応）
問題行動の抑制 (個人の外的変化)	こだわりやパニックなど問題行動が軽減したり，より社会的に許される方法での行動に変化したかどうか（主にDSM-IVの自閉性障害A-(3)に対応）
社会性の育成 (個人の外的変化)	社会的ルール・マナーの理解や，その使用が認められた，もしくはレパートリーが増えたかどうか
情動表出の変化 (個人の内的変化)	思いがけないほど豊かで自発的な情動表出が認められたかどうか
心理療法 (個人の内的変化)	自分に対する気づき，洞察，カタルシスなどが認められたかどうか

の変化」，「心理療法」は，主に対象者の情動面の変容を評価する項目である。また，「対人的相互反応の向上」，「言語表出の促進」，「問題行動の抑制」，「社会性の育成」は，主に認知面の変容を評価する項目である。つまり「対人的相互反応の向上」，「社会性の育成」は，情動・認知の両側面に関わる項目であると言える。従って，表6-2の結果より，中度知的障害を有する自閉症者では主に認知面での変容をもたらし，アスペルガー症候群にとっては主に情動面での変容をもたらすことが認められた。さらに，高機能自閉症者にとっては情動面・認知面どちらの側面でも変容をもたらすことも認められた。

　以上より，支援の一技法として心理劇的方法は有効であり，また，知的

表6-2 自閉症児・者の状態に応じた心理劇的方法の効果

	重度知的障害を伴った自閉症	中度知的障害を伴った自閉症	高機能自閉症	アスペルガー症候群
状態評価 (援助者の見立て)	効果あり	効果大	効果大	効果大
対人的相互反応の向上 (個人の外的変化)	事例によっては効果あり	効果あり	効果大	事例によっては効果あり
言語表出の促進 (個人の外的変化)	事例によっては効果あり	効果あり	効果あり	効果なし (不要)
問題行動の抑制 (個人の外的変化)	効果あまりなし	効果あり	効果あり	効果ある人とない人で差があり
社会性の育成 (個人の外的変化)	簡単なことでは効果あり	効果あり	効果あり	効果あり
情動表出の変化 (個人の内的変化)	評価不能	事例によっては効果あり	効果大	効果あり
心理療法 (個人の内的変化)	評価不能	事例によっては効果あり	効果あり	効果あり

レベルの段階によっては，その効果のあり方には違いがあることも明らかにされた。

その他，心理劇の実践より得られた知見を以下に述べる。

① テーマについて

心理劇のテーマは，旅や買い物などの楽しい思い出，異性，母子関係，家族，仲間，人間関係のトラブルとしてのストレス，社会問題などであった。彼らは他者との関係において様々な思いを抱いているが，それを日常場面でうまく表現できないが，心理劇はその構造上，思いを表現しやすく，また，心理的安全を保ちつつ不安に直面できる場であり，さらに，彼ら独自の考え方やこだわりを表現できる場であることがわかる。彼らは，一般に思われている以上に豊かな心的状態にあり，それらが心理劇の場で表現できることが重要である。本人が希望した時には，また，そのテーマ

によっては家族にも内容を伝えないなどのプライバシーの配慮も，思いを表現しやすい場になっている要因だと思われる。

② 高機能自閉症者やアスペルガー症候群へ適用することの特別な意義

　表6-2に示された4タイプそれぞれの劇での変化を見直すと，重度や中度の知的障害を伴う自閉症者には，心理劇の場は他の療育などに加えて，プラスアルファの人生のエッセンスであると思われる。しかし，高機能自閉症者やアスペルガー症候群にとっては，それ以上の本人の人生を左右することもあり得るかなり重要な技法であると感じている。

　というのも，対象者は心理劇を施行する以前から筆者が行ってきた療育活動のクライエントであり，彼らは互いに顔見知りであったが，これまでは，彼らが自発的に話し合ったり，他者を気遣ったりという言動はほとんどみられなかった。しかし，心理劇による実践を通して他者に自発的に話しかけたり，気遣いを示したりする様子が認められ，仲間意識を育むことが可能となったからである。

　また，こだわりという自閉症特有の症状に対しても効果があったと思われる。逆転の発想で本人のこだわりを利用した劇を行うことで，かえってこだわりが消えた。日頃不適切な言動とみなされることも，心理劇ではまずそれを表現することをすすめ，単なる不適応行動の修正ではなく，気持ちに添った言葉かけや反応との関係の中でみようと試みた。そうすることで不適応をもたらす関係の悪循環が断たれ，本人の気持ちを整理することができたのだと思われる。

　さらに，心理劇の場では，日常生活以上に自分らしさを表現できるようである。それは，ある対象者（第4章のE郎）が言った「ここは自分が，自分らしくいることのできる場だ」に象徴されている。さらに，心理劇の場は同じような対人困難という苦しみを持つ仲間同士のピアカウンセリングの場として機能していることも推察される。

3. まとめ——発達障害児・者に及ぼす心理劇の効果——

(1) はじめに

　発達障害者は，今まで多くの先行研究で示されたように人と関わることが苦手で，集団行動も困難である。筆者らは，このような問題に対応するため，心理劇やその考え方を利用した治療を行ってきた。心理劇施行の具体的な目的は，1）表現の場として，2）社会性向上の場として，3）集団療法の場として，の3点であった（第2章参照）。

　本書第3章から第4章では，第1章から第2章で述べたような発達障害者の心理特性を踏まえて，発達障害者に対する支援技法としての心理劇について施行・検討した。心理劇を施行したことにより，発達障害者の自発性・社会性が増した。また，軽度の発達障害者である高機能自閉症者，アスペルガー症候群に対し，不適応や反社会的行動を軽減・予防するための支援法として心理劇を施行した。

(2) 心理劇の効果

　① 心理劇適用による効果の要因

　次に，発達障害者が心理劇を体験して，何か変化が現れたのはどのようなことが要因であったかについて考察する。

　第1に，心理劇の効果として針塚(1993)は，考える前に思わず表現することを挙げ，それは感覚運動過程・感情過程が認知過程に優先するからだと述べている。本研究の対象者についてもそのことが言える。しかも，発達障害者は認知過程の独自性ゆえに相手にわかるやり方で情動を表出することが難しいが，その点，心理劇の場では，本人にとっても他者にとっても思いがけないほど豊かで自発的な情動表出が多く示されることが本研究で認められた。中でも本人にとって日常ではあまり見られなかった情動表出や，より洗練された情動表出があり，それはことばのみでなく，表情・姿勢・動作などで認められる。本研究で明らかになった心理劇の効果

によるこのような表出のあり様を「生き生きした情動表出」と命名する。他の実践法では伝えにくい情動表出の仕方を心理劇の中で会得したという感覚であろう。

　第2に，心理劇の場で行われる他者とのやり取りによる効果が挙げられる。本研究によって，心理劇の場で発達障害者が自分のことを認められた時に，まさに自発性を発揮する様子が幾度も観察された。それは心理劇の体験的現実という理論に加えて，心理的に安全で守られた場であることからもたらされた。そのような場合の心理的メカニズムは，1．初期の心理劇の場において対象者が快の体験を味わい安心する，2．安心することにより他者との信頼感を培うことが可能になる，3．信頼できる支援者や仲間との間では，快の表出のみでなく不快の表出も可能になる（「生き生きした情動表出」），4．さらなる安心感と信頼感をはぐくみ最終的には気づかなかった自分に気づき，それを認める，5．日常生活での不適応の軽減・QOL（生活の質）の向上・認知の向上，という流れで説明できる。

　第3に皿田（1992）は，統合失調症者に対しSST（ソーシャル・スキル・トレーニング）を適用し，その効果の一つにWAISのIQ上昇を挙げ，その上昇理由としてSSTは情報処理の過程をスムーズにし，対人場面での処理能力を増すものであると結論づけている。本研究においても同じような効果として，心理劇を適用した結果，認知力が向上することが認められた。

　以上のような要因を基に，心理劇の効果について図示すると図6-4のようになる。

　② 支援技法としての心理劇の独自性

　次に，支援技法としての心理劇の独自性についてのべる。

　第1に，発達障害者にとっての社会性・対人関係の向上に効果があり，第2に児童期から青年期まで幅広い年代に渡って発達障害者への支援法となる可能性があり，第3に，発達障害者に対する有効な支援法であることなどが，本研究により明らかにされた。

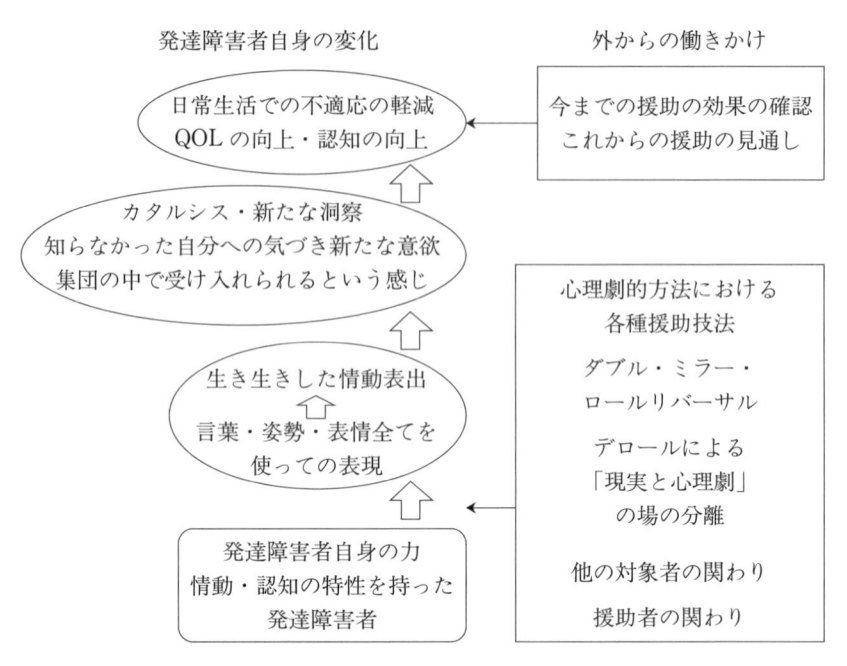

```
                    発達障害者自身の変化            外からの働きかけ
              ┌─────────────────────┐      ┌──────────────────┐
              │ 日常生活での不適応の軽減 │◄─────│ 今までの援助の効果の確認 │
              │ QOLの向上・認知の向上   │      │ これからの援助の見通し   │
              └─────────────────────┘      └──────────────────┘
                         ▲
              ┌─────────────────────┐
              │ カタルシス・新たな洞察   │
              │ 知らなかった自分への気づき新たな意欲 │
              │ 集団の中で受け入れられるという感じ │
              └─────────────────────┘
                         ▲                ┌──────────────────┐
              ┌─────────────────────┐     │ 心理劇的方法における │
              │ 生き生きした情動表出    │     │   各種援助技法     │
              │   ▲                │     │                  │
              │ 言葉・姿勢・表情全てを │     │ ダブル・ミラー・    │
              │   使っての表現       │     │ ロールリバーサル    │
              └─────────────────────┘     │                  │
                         ▲                │ デロールによる     │
              ┌─────────────────────┐◄────│ 「現実と心理劇」    │
              │ 発達障害者自身の力      │    │  の場の分離       │
              │ 情動・認知の特性を持った │    │                  │
              │   発達障害者          │    │ 他の対象者の関わり  │
              └─────────────────────┘    │ 援助者の関わり      │
                                         └──────────────────┘
```

図6-4 発達障害者に対する心理劇的方法の効果

　応用行動分析学などに代表される心理的援助理論では，支援の目標は目に見える具体的な目標であった。そして，定められた目標に向かって治療・訓練をすすめ，目標を達せられると終結という流れが一般的であった。近年，IEP（個別教育プログラム）を代表とする個に応じた指導などで当事者の主体性確保への支援が主張されているが（太田，1997），そのような当事者の主体性を重視する点については心理劇の支援も同じである。しかし異なる点として，応用行動分析では具体的な目標を定めてそれを達成するために指導・療育を進めていくことが挙げられる。

　それに対して，心理劇では具体的な達成目標は提示せず「今ここで」の本人たちの反応を見，またその反応を引き出すものである。言い換えると心理劇によって求められる治療像というのは「何か具体的な行動を獲得した」とか「自閉症ではなくなった」とか「何かが治った」ではなく，その

第 6 章　結　論

時々の「今ここでの自分らしい（発達障害らしい）思いを表現することができた」なのである。そして，そのような治療像に至るには，ゆっくりとした時の流れが必要である。発達障害者が潜在的に持っている思いをつい自発的に表現してしまったという情動表出の変化が重要であり，その時の十分でない表現は支援者が補うという双方のやりとり体験の繰り返しが，ある時，対象者の自己実現や人格の成長という大きな目標達成に至るのである。この点が，心理劇の持つ臨床心理学的な独自性と言えよう。

　また，心理劇という技法について，示された知見としては，次のような点が挙げられる。第3章から第4章で様々な形で施行された心理劇においては，心理劇を進めていく上でいくつかの技法（Moreno, 1958）を用いることがあり，特に補助自我との関わりを要するダブル，ミラー，ロールリバーサルは，自閉症者の心理体験を促すために重要であった。主役（本研究における発達障害者）にとって，ダブルとは自分自身を知るため，ミラーとは自分自身を見つめるため，ロールリバーサルとは他者の立場に立つための場面設定を可能にする技法であった。心理劇施行初期の対象者や，知的障害がある自閉症者にとっては，ダブルによるかなり直接的な支援（モデルとしての位置づけ）が効果的であり，高機能自閉症者にとっては，ダブルによる必要最小限の支援が本人の「生き生きした情動表出」には効果的であった。またアスペルガー障害者にとってはダブルだけでなく，ミラーやロールリバーサルを利用することも本人の情動表出の変化やそれに伴うカタルシスをもたらすことに有効であった。

③　心理劇や心理劇的方法適用に際しての留意点

　実践した心理劇は，発達障害者が日頃，漠然と体験していても本人が意識していなかった体験やそれに伴う心の動きを焦点化させるという意味があったと思われる。またその体験のやり直しや心の動きの焦点化は，本人の体験と支援者の援助によって成し遂げられ，そこに支援者の臨床心理学的働きかけの意義がある。従って，心理劇による治療を行う時には，支援者は過度の介入をしてはいけないし，一方で，「本人の意思に任せる」と

いう耳に心地よい言辞の下に結果として何もしないことになってはならない。自閉症者の心理特性を考慮し，最適の支援を行うとき，心理劇の持つ治療的機能は最大限発揮されると思われる。

　監督をはじめとした支援者（治療者）のリーダーシップの採り方で工夫した件は以下のとおりである。

　第1に，普通の支援より介入的（ディレクティブ）であった。というのも，彼らに対する支援の工夫は必要だからである。彼らの特徴は思考のこだわりや人との関わりのパターン化などであり，臨機応変に他者と関わることは難しく，本人にとって大変な心理的負担となる。さらに，「心の理論」で言われているように他者の感情を推察できず，自分の気持ちを表出できないことも多い。これらを考慮した上で，本人の言動を強調したり補ったりするような介入をディレクターや補助自我が行う必要がある。それは，一見対象者の意図を無視して介入的にみえるが，決してそうであってはならない。そのために対象者の反応から，その支援が適切だったか不適切だったかを瞬時に判断して対応する力が治療者側に必要である。

　第2に，監督は心理劇施行時に対象児・者をあまりきつい目で見ず，ゆっくり繰り返し説明する。わからない単語は意味を共有するよう働きかける。手をたたいたらそれ以上劇を続けないなどのルール理解を促した。

　第3に，監督としての気持ちも伝える。

　第4に，発達障害者が日常生活だと教育的に注意せざるを得ないことを行っても，心理劇の場ではファンタジーの世界として許し，のびのびと表現させることを留意した。しかし，そのときには行動化（アクティング・アウト）には注意した。

(3) 心理劇の活用
① 生涯発達の視点を持って

　本書は，生涯発達の視点を持ち，発達障害者に対して過去・現在・未来をテーマにした心理劇を繰り返し施行した。また，家族や過去に出会った

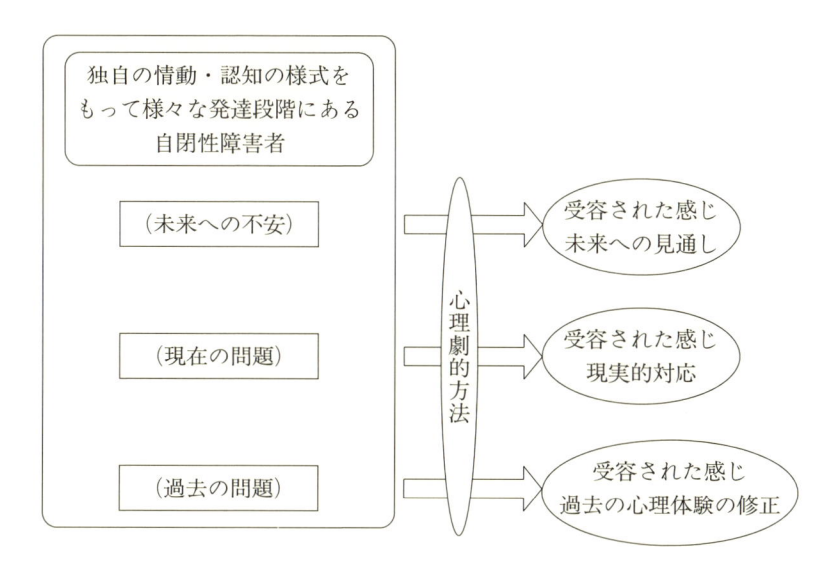

```
┌─────────────────────────┐
│ 独自の情動・認知の様式を  │
│ もって様々な発達段階にある │
│    自閉性障害者         │
│                         │
│  ┌─────────────┐        │        ┌──────────────┐
│  │ (未来への不安) │──────┐ │  ┌──▶│ 受容された感じ │
│  └─────────────┘      │ │  │   │ 未来への見通し │
│                      心   │   └──────────────┘
│  ┌─────────────┐     理   │   ┌──────────────┐
│  │ (現在の問題)  │─────劇──┼──▶│ 受容された感じ │
│  └─────────────┘    的    │   │   現実的対応   │
│                      方    │   └──────────────┘
│  ┌─────────────┐     法    │   ┌──────────────┐
│  │ (過去の問題)  │─────────┼──▶│ 受容された感じ │
│  └─────────────┘          │   │ 過去の心理体験の修正 │
└─────────────────────────┘        └──────────────┘
```

図6-5 発達障害者に生涯発達援助観をもって心理劇的方法をどう活用するか

人々に対する思い，これから出会う人に対する期待などを彼らに考えてもらう劇の場面つくりを行ってきた。このような働きかけもまた，発達障害者の「生き生きした情動表出」を促す一因となった。

　対象者は児童期から青年期の広汎性発達障害児・者だが，支援者は彼らがどのように今まで育ってきてこれからどのように成長していくかという生涯発達観を持たねばならない。発達障害者の今現在の混乱は過去のことや未来への不安とは切り離せない。今現在の人間関係や職場での悩み，葛藤不安はもちろんであるが，過去に体験したことを場合によるとゆがんだ形で記憶してしまい，それがあるきっかけでフラッシュバックとして再現され，パニックや不適応行動の原因となることもよくある。また，同一性保持からくる将来の変化への不安・母子分離不安，自分の身体の変化への抵抗など過去・現在・未来の見通しをもつことは大変重要である。

　この点について心理劇を適用することで現在の問題を心理劇の中で劇化し，どういうふうに対処していったらよいかを皆と考える時間を持つこと

ができた。過去の問題については事実を変えることはできないが，心理劇の場面という体験的現実により心理的な事実を修正することはでき，そうすることによって今までフラッシュバックに苦しめられていた対象者が落ち着くこともあった。さらに未来への不安も，心理劇の中で取り扱うことによって現実的にイメージしやすくなり，不安を軽減することが可能になった。これらの結果をまとめた生涯発達の視点を持った心理劇の活用モデルを図6-5に示す。

② 心理劇の考え方を一般的な支援にも利用するために

本書で検討してきた心理劇は有効な治療技法であると思えるが，時間・場所・人材など，施行上のいくつかの限界もある。それらの限界をふまえると特別な環境にいる発達障害者はその技法を適用されうるが，その他多くの発達障害者には適用できず，結果として治療技法として広がってゆかない。

この点について石井（1995）は，社会福祉施設の処遇者（本書では支援者もしくは治療者）にサイコドラマのロールプレイによる研修を行うことの意義について論じ，利用者（本書では自閉症者およびアスペルガー障害者）の補助自我として「利用者の本当の気持ちを大切にする」処遇を展開せよと提言している。

本書でも，第5章でそれら心理劇や，その考えによる展開の仕方を紹介した。

このように心理劇をそのまま適用せずとも，本研究で示された知見である「発達障害者の情動・認知の特性を考慮して生涯発達援助を行っていく」ために心理劇で考案された支援の工夫を利用していくことは可能であろう。具体的には日常生活での状態の評価を通して心理劇特有のダブル法的な考えを体現する支援者となるか，もしくはミラー法的な考えを体現する支援者となるかなど，支援者としての立場を実践していくことができよう。また発達障害者同士の交流場面において心理劇の一部であるウォーミングアップやシェアリングの技法等を用いて彼らのピアカウンセリングの

場を設定していくなどの工夫もできると思われる。

(4) 今後の課題
① 心理劇適用上の限界
　一方でこの方法の独自性ゆえに適用上の限界もある。このことをあえて明記することでむやみに適用されることの危険性を論じたい。
　第1に，彼らの情動・認知の独自性を見間違えると逆効果となり，心理劇の場で心的外傷を作ってしまうことすらある。これらの危険性を支援者は十二分に認識した上で適用しなければならない。したがって対象者への理解と信頼関係を築いた上での適用が必要である。
　第2に，短期間の適用では効果が認められず，心理劇の意味が十分伝わらず逆効果になる危険性がある。本研究においてもはじめに半年や1年はただ無表情に参加していることも多かったが，その彼らがある劇を境に「生き生きした情動表出」を示した例はいくつもあった。したがって，時間がかかることは適用上の限界である。
　第3に，心理劇では，集団心理療法というように原則として対象者だけでなく治療者も複数必要となる。その複数の治療者は主治療者である監督を中心に対象者の補助自我として，それぞれが連携をとって関わっていかねばならず，これがこの技法の特性でもあり，第3の限界でもある。
　本書第3～4章では，以上の3点について留意しながら実践を行ったその記録である。さらに，第5章では，上記2と3の限界を踏まえつつ，より多くの人が心理劇を実践したり，その考え方を応用できるよう工夫してきた記録や提案である。
② 心理劇のさらなる対象者への適用について
　本書では，自閉症者やアスペルガー障害者に対し幼児期・児童期から成人に至る過程を数名の事例を詳細に分析・検討した。しかし，対象事例は最高齢で30歳前半であり，残された課題として，中・高年に達した自閉症者およびアスペルガー障害者がどのように自分自身の人生を送ってゆく

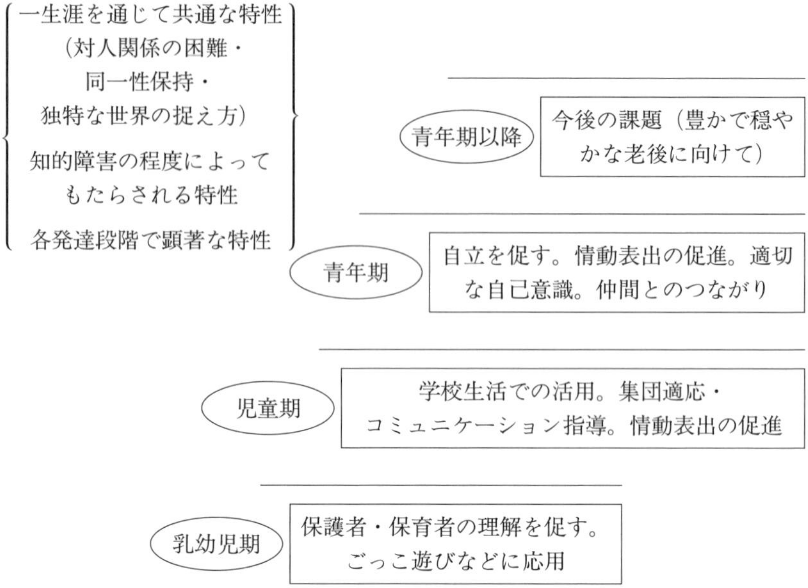

```
┌ 一生涯を通じて共通な特性
│    (対人関係の困難・
│     同一性保持・
┤     独特な世界の捉え方)
│ 知的障害の程度によって
│     もたらされる特性
└ 各発達段階で顕著な特性
```

(青年期以降) 今後の課題（豊かで穏やかな老後に向けて）

(青年期) 自立を促す。情動表出の促進。適切な自己意識。仲間とのつながり

(児童期) 学校生活での活用。集団適応・コミュニケーション指導。情動表出の促進

(乳幼児期) 保護者・保育者の理解を促す。ごっこ遊びなどに応用

図 6-6 生涯発達援助の視点からみた発達障害者への心理劇的方法の発展

のか，また心理劇という治療技法が彼らの後半の人生にどのように利用できうるかについて，つまり，生涯発達の視点に立った支援のあり方について今後も検討してゆきたい（図6-6）。

(5) まとめ：想いから現に──発達障害者に対する心理劇の効果

針塚(1996)は，心理劇の効果について「演者にとっては，場面が『非現実』と認知されることもあるが，体験としては『現実的』であり，また，場合によってはその場全体がその演者にとっては認知的にも体験的にも『現実的』になることすらある」と述べている。つまり，心理劇は「舞台という非現実的な場で疑似体験をする場」であるが，一方で「心理的にはリアルな感情を体験できる場」なのであり，まさに「想から現に」を体験できる場なのである。

自閉症という概念が児童精神科医カナーによって提唱されたのが1943

年，アスペルガーという概念が小児科医アスペルガーによって提唱されたのが1944年であり，日本で最初に自閉症の事例発表が行われたのは1952年である。

　一方で，モレノがサイコドラマという治療技法を開発したのが1911年（確立したのは1940年代といわれている），さらにサイコドラマが日本にもたらされ心理劇という呼び方で定着していったのが1960年代からであった。

　20世紀の半ばには，両者（自閉症・アスペルガーの考え方や，心理劇という治療技法）ともわが国にもたらされていたにもかかわらず，両者は全く相容れない対象と治療技法として，交わることがほとんどなかった。

　しかしながら，自閉症者やアスペルガー障害者の対人関係のつまずきを改善する手だてはなかなか見いだせなかった。そのため，様々な療育を受けた彼らも就学を迎え思春期を過ぎ青年期に至るにつれて，発達段階ごとに大きな困難に直面し，ある者は不登校やいじめの対象に，ある者はクラスでの厄介者に，そして場合によると発達障害ゆえの固執や対人困難から来る反社会的行動によって，本人やその家族のみではなく，多くの他者を悲しませる事件も起こった。

　そこで，筆者らは1990年はじめから「想（おもい）から現（うつつ）に」を体験できる場として，心理劇の場を提供してきた。まずは，対象者のプライドを大切にし，仲間との安心感や信頼関係を持てるような場面作りを行った。その中で，彼らが頭の中でイメージすること（想（おもい））を実際に心理劇の場で監督が取り上げ，補助自我の支援を得て「現実的」に体験すること（現（うつつ））で，他者は自分に共感してくれることを体感し，自分の存在を再認識し，日頃の人間関係で傷ついた心が癒されるのだと思われる。そして本人が，させられたのではなく，自分で取り組んだことの意味を感じさせることや，過去のつらい体験を良い思い出に変えることなどが，この心理劇の持つ体験の現実性によって可能になったと思われる。さらに社会で生きていくためにやってよいこと，やってはいけないことなどの判断を，心理的に

守られた安全な場所で，文字通り身をもって体験できたことも意味があった。自閉症やアスペルガー障害という障害は医学的な意味では治癒しないが，限りなく改善してゆくことが可能な障害であり，いわば教育・しつけなどの支援効果が大きい障害と言える。このような特性がある彼らが，より良い人生を送るための支援の一技法として心理劇は有効であると思われる。今後も彼ららしさを認めた上で，彼らが自己決定し，自立に至るための支援の場として心理劇を活用してゆきたい。

　本書は，15年間にわたって，発達障害者に心理劇を行ったことの効用について紹介した。15年を通して行ったことの基本は，ゆっくりとその時の状況に臨機応変に対応してゆき，彼らの表現を評価していったことであり，それは，発達障害者が「自分らしく生きること」を認めることであった。このように，青年期の発達障害者に対する生涯発達援助のひとつの方法として，心理劇は有効であると思われる。　　　　　（髙原朗子）

参考・引用文献

American Psychiatric Association 1987 Diagnostic Statistical Manual of Mental Disorders (Third Edition-Revised) Washington D. C.: American Psychiatric Association
American Psychiatric Association 1994 Diagnostic Statistical Manual of Mental Disorders (4th edition.) Washington D. C.: American Psychiatric Association
安東末広 1989 精神遅滞者の心理劇. 心理劇研究, 13, 17-25
Asperger, H. 1944 Die "Autistischen Psychopathen" im Kindesalter. Archiv für Psychiatrie und Nervenkrankheitem, 117, 76-136
Attwood, A., Frith, U. & Hermelin, B. 1988 The Understanding and Use of Interpersonal gestures by Autistic and Down's Syndrome Children. Journal of Autism and Developmental Disorders, Vol. 18(2), 241-257
Attwood, T. 1998 Asperger's Syndrome A Guide for Parents and Professionals. Jessica Kingsley Publishers. アトウッド（著），富田真紀・内山登紀夫・鈴木正子（訳） 1999 ガイドブック アスペルガー症候群 親と専門家のために. 東京書籍
Baron-Cohen, S., Leslie, A. M. & Frith, U. 1985 Does the autistic child have a "theory of mind"? Cognition, 21, 37-46
Baron-Cohen, S., Leslie, A. M. & Frith, U. 1986 Mechanical, behavioural and Intentional understanding of picture stories in autistic children. British Journal of Developmental Psychology, 4, 113-125
Baron-Cohen, S. 1988 Social and Pragmatic deficits in Autism. Journal of Autism and Developmental Disorders, Vol. 18(3), 379-402
Baron-Cohen, S. 1989 Do autistic children have obsessions and compalsions? British Journal of Clinical Psychology, 28, 193-200
Baron-Cohen, S. 1989 Are Autistic Children "behaviorists"? An Examination of their Mental-Physical and Appearance-Reality Distinction. Journal of Autism and Developmental Disorders, Vol. 19(4), 579-600
Baron-Cohen, S. 1989 The Autistic Child's Theory of Mind: a Case of Specific Developmental Delay. Journal of Child Psychology and Psychiatry, Vol. 30(2), 285-297
Baron-Cohen, S., Bolton, Patrick. 1993 Autism: the facts. Oxford University Press. バロン-コーエン，ボルトン（著），久保紘章・古野晋一郎・内山登紀夫（訳） 1997 自閉症入門. 中央法規
Baron-Cohen, S., Tager-Flusberg, H., & Cohen, D. J. 1993 Understanding Other

Minds Perspective from Autism. Oxford University Press. バロン-コーエン, フラスバーグ, コーエン（著）, 田原俊司（訳） 1997 心の理論（上）―自閉症の視点から―. 八千代出版, バロン-コーエン, フラスバーグ, コーエン（著）, 田原俊司（訳） 1997 心の理論（下）―自閉症の視点から―. 八千代出版

Baron-Cohen, S. 1995 Mindblindness: An Essay on Autism and Theory of Mind. The MIT Press. バロン-コーエン（著）, 長野 敬・長畑正道・今野義孝（訳） 1997 自閉症とマインド・ブラインドネス. 青土社

Bonba, C., O'Donnell, L., Markowits, C. & Holmes, D. L. 1996 Evaluating the Impact of Facilitated Communication on the Communicative Competence of Fourteen Students with Autism. Journal of Autism and Developmental Disorders, Vol. 26(1), 43-58

Boucher, J. & Levis, V. 1989 Memory Impairments and Communication in Relatively Able Autistic Children. Journal of Child Psychology and Psychiatry, Vol. 30(1), 99-122

Bowler, D. M. 1992 'Theory of Mind' in Asperger's syndrome. Journal of Child Psychology and Psychiatry, 33, 877-893

Bretherton, I. & Beeghly, M. 1982 Talking About Internal States: The Acquisition of an Explicit Theory of Mind. Developmental Psychology, Vol. 18(6), 906-921

Bryson, S. E. 1996 Brief Report: Epidemiology of Autism. Journal of Autism and Developmental Disorders, Vol. 26(2), 169-172

Buitelaar, J. K. & van der Wees, M. 1997 Are Deficits in the Decoding of Affective Cues and in Mentalizing Abilities Independent? Journal of Autism and Developmental Disorders, 27(5), 539-555

Carr, E. G. & Kemp, D. C. 1989 Functional Equivalence of Autistic Leading and Communicative Pointing: Analysis and Treatment. Journal of Autism and Developmental Disorders, Vol. 19(4), 561-578

Carpentieri, S. & Morgan, S. B. 1996 Adaptive and Intellectual Functioning in Autistic and Nonautistic Retarded Children. Journal of Autism and Developmental Disorders, Vol. 26(6), 611-620

レイモンド J. コルシニ, 金子 賢（監訳） 2004 心理療法に生かすロールプレイングマニュアル. 金子書房

Eskes, G. A., Bryson, S. E. & McCormick, T. A. 1990 Comprehension of Concrete and Abstract Words in Autistic Children. Journal of Autism and Developmental Disorders, Vol. 20(1), 61-73

Factor, D. C., Freeman, N. L. & Kardash, A. 1989 Brief Report: A Comparison of DSM-III and DSM-III-R Criteria for Autism. Journal of Autism and Developmental Disorders, Vol. 19(5), 637-639

フォックス（著）, 磯田雄二郎（監訳） 2000 「エッセンシャル・モレノ」自発性, サイコドラマ, そして集団精神療法へ. 金剛出版

Forsey, J., Bird, E. K-R. & Bedrosian, J. 1996 Brief Report: The Effects of Typed and Spoken Modality Combinations on the Language Performance of Adults with

Autism. Journal of Autism and Developmental Disorders, Vol. 26(6), 643-649
Frith, U. 1989 Autism: Explaining the enigma. Oxford, Blackwell. フリス（著），富田真紀，清水康夫（訳） 1991 自閉症の謎を解き明かす．東京書籍
Frith, U. 1991 Autism and Asperger syndrome. Cambridge University Press. フリス（著），富田真紀（訳） 1996 自閉症とアスペルガー症候群．東京書籍
Ghaziuddin, M., Leininger, L. & Tsai, L. 1995 Brief Report: Thought Disorder in Asperger Syndrome: Comparison with High-Functioning Autism. Journal of Autism and Developmental Disorders, Vol. 25(3), 311-317
Ghaziuddin, M., Alessi, N. & Greden, J. F. 1995 Life Events and Depression in Children with Pervasive Developmental Disorders. Journal of Autism and Developmental Disorders, Vol. 25(5), 495-502
Ghaziuddin, M. & Gerstein, L. 1996 Pedantic Speaking Style Differentiates Asperger Syndrome from High-Functioning Autism. Journal of Autism and Developmental Disorders, Vol. 26(6), 585-595
Goldberg, D. (Ed.) 1997 The Maudsley Handbook of Practical Psychiatry. Oxford University Press
Goodrich, J. & Goodrich, W. 1986 Drama therapy with a learning disabled, personality disordered adolescent. Arts in Psychotherapy, Vol. 13(4), 285-291
後藤　毅・川端啓之　1996　初診から40年経ったケース．児童青年精神医学とその近接領域，37(3)，297-303
グランディン・スカリアノ（著），カニングハム久子（訳）　1993　我，自閉症に生まれて．学習研究社
針塚　進　1993　高齢障害者と自閉性障害者の情動活性化に向けた心理劇の意義．九州大学教育学部紀要（教育心理学部門），38(1)，89-95
針塚　進　1996　心理劇の構造的現実性と体験的現実性―初心者の体験報告を通して―．九州大学教育学部紀要（教育心理学部門），41(1)，71-80
Hauck, M., Fein, D., Waterhouse, L. & Feinstein, C. 1995 Social Initiations by Autistic Children to Adults and Other Children. Journal of Autism and Developmental Disorders, Vol. 25(6), 579-595
Hermelin, B. & O'Conner, N. 1970 Psychological Experiments with Autistic childlen. Pregamon Press, London
平井正三　1997　自閉症の精神分析的心理療法の経験から．心理臨床学研究，15(5)，524-535
Hobson, R. P. 1984 Early Childhood autism and the Question of Egocentrism. Journal of Autism and Developmental Disorders, 14(1), 85-104
Hobson, R. P. 1986 The autistic child's appraisal of expressions of emotion. Journal of Child Psychology and Psychiatry, 27, 321-342
星野仁彦　1999　アスペルガー症候群の成年期における諸問題．精神科治療学，Vol. 14(1)，15-22
ハウリン，P.（著），久保紘章・谷口政隆・鈴木正子（訳）　2000　自閉症―成人期にむけての準備．ぶどう社

井上暁子・井上雅彦・小林重雄 1996 自閉症生徒における代表例教授法 (General Case Instruction) を用いた料理指導―品目間般化の検討―. 特殊教育学研究, 34(1), 19-30

Irwin, E. C. 1977 Play, fantasy, and symbols: Drama with emotionally disturbed children. American Journal of Psychotherapy, Vol. 31(3), 426-436

石井清一・今野義孝 1987 自閉症児の表情認知に関する研究. 教育心理学研究, 35, 344-350

石井高明 1980 最近の自閉症研究の動向. 発達障害研究, 2(1), 1-18

石井哲夫 1995 自閉症と受容的交流療法. 中央法規出版

石井雄吉・相田葉子・細岡英俊・加瀬昭彦・小阪憲司 1995 青年期Asperger症候群患者のデイケアにおける行動療法 (神経心理学的治療訓練) の試み. 精神科治療学, 10(1), 35-41

石井勇吉・岸本英爾 1997 ロールシャッハからみた高機能自閉性障害者の特徴. 心理臨床学研究, 15(2), 171-180

伊藤英夫 2000 自閉症児の指さし行動の発達過程. 児童青年精神医学とその近接領域, 41(1), 57-70

岩城衆子 1994 心理劇の特性と参加者の変化―自発性の観察―. 関係学研究, Vol. 22(1), 41-52

Joseph, R. M. & Tager-Flusberg, H. 1997 An Investigation of Attention and Affect in Children with Autism and Down Syndrome. Journal of Autism and Developmental Disorders, Vol. 27(4), 385-396

十一元三・神尾陽子 1998 自閉症の言語性記憶に関する研究. 児童青年精神医学とその近接領域, 39(4), 346-373

十一元三・神尾陽子 2000 潜在的記憶検査からみた自閉症の感情理解と言語の特性. 児童青年精神医学とその近接領域, 41(1), 44-56

十一元三・神尾陽子 2001 自閉症者の自己意識に関する研究. 児童青年精神医学とその近接領域, 42(1), 1-9

神尾陽子・十一元三 2000 高機能自閉症の言語：Wechsler知能検査所見による分析. 児童青年精神医学とその近接領域, 41(1), 32-43

神尾陽子 2001 対人関係性, 情動そして自閉症―人の顔の持つ意味について. 発達臨床心理研究, 7, 1-13.

Kanner, L. 1943 Autistic disturbances of affective contact. Nervous Child, 2, 217-250

Kanner, L. 1973 Childhood Psychosis Initial studies and new insights. John Wiley & Sons, Inc. カナー, L (著), 十亀史郎・斉藤聡明・岩本 憲 (訳) 1978 幼児自閉症の研究. 黎明書房

Kasari, C., Sigman, M., Mundy, P. & Yirmiya, N. 1990 Affective Sharing in the Context of Joint Attention Interactions of Normal, Autistic, and Mentally Retarded Children. Journal of Autism and Developmental Disorders, Vol. 20(1), 87-100

Kasari, C. & Sigman, M. 1997 Linking Parental Perceptions to Interactions in Young Children with Autism. Journal of Autism and Developmental Disorders,

Vol. 27(1), 39-57
加藤正明（編者代表）　1993　新版　精神医学事典．弘文堂
Kellerman, P. F.　1996　Concretization in psychodrama with somatization disorder. The Arts in Psychotherapy, Vol. 23(2), 149-152.
北原歌子　1983　コミュニケーティング―子供とサイコドラマ―．誠信書房
清原宏・久々山三枝子　1990　精神遅滞児の自発的変容の臨床的研究．鹿児島大学教育学部研究紀要　教育科学編，Vol. 42, 35-56
小林重雄・内田真弓　1995　高機能広汎性発達障害と社会適応―高機能自閉症者の集団参加―．発達障害研究，17(2), 111-116
小林重雄・日上耕司・松岡勝彦・井上雅彦・奥田健次　1998　「心の理論」の行動分析―応用行動分析よりのアプローチ．日本行動分析学会第16回年次大会発表論文集，15-21
小林重雄　2002　自閉症スペクトラム教育研究の動向．自閉症スペクトラム研究，1, 45-47
小林隆児　1982　言語障害像からみた年長自閉症児・者に関する精神病理学的特徴．児童青年精神医学とその近接領域，23(4), 235-260
小林隆児　1985　24歳の一自閉症者の精神的破綻．児童青年精神医学とその近接領域，26(5), 316-327
小林隆児　1986　自閉症児はいかに思春期を乗り越えていくか．福岡大学医学部紀要，13(3), 275-286
小林隆児・村田豊久　1989　自閉症と感情障害―抑うつ状態と軽躁状態を繰り返した年長自閉症の1例―．精神医学，31(3), 237-245
小林隆児　1995　アスペルガー症候群．発達障害研究，17(2), 98-103
小林隆児　1996　自閉症の情動的コミュニケーションに対する治療的介入―関係性の視点から―．児童青年精神医学とその近接領域，37(4), 319-330
Kobayashi, R.　1996　Brief Report: Physiognomic Perception in Autism. Journal of Autism and Developmental Disorders, Vol. 26(6), 661-667
小林隆児・髙原朗子　1999　Tourette症候群と円形脱毛を呈した自閉症児のその後の経過を考える．精神科治療学，Vol. 14(1), 85-88
小林隆児　1999　自閉症の発達精神病理と治療．岩崎学術出版社
小林隆児　1999　関係障害臨床からみた自閉症理解と治療．発達，78, 22-35
小林隆児　2000　自閉症の関係障害臨床．ミネルヴァ書房
小林隆児　2000　関係障害臨床からみた自閉症の発達精神病理―接近・回避動因的葛藤を中心に―．小児の精神と神経，40(3), 163-170
Konatantareas, M. M. & Lunsky, Y. J.　1997　Sociosexual Knowledge, Experience, Attitudes, and Interests of Individuals with Autistic Disorder and Developmental Delay. Journal of Autism and Developmental Disorders, Vol. 27(4), 397-413
鯨岡　峻　1988　愛着するということ―乳幼児期の心身関係の理解のために―．教育と医学，36(2), 123-129
鯨岡　峻　1990　コミュニケーションの成立ち．教育と医学，38(6), 507-514
熊谷高幸　1991　自閉症のこころの謎　ミネルヴァ書房
栗田　広　1995　高機能広汎性発達障害．発達障害研究，17(2), 81-87

栗田　広　1999　総論―アスペルガー症候群―. 精神科治療学, Vol. 14(1), 3-13
楠　峰光　1990　障害児の心理. 山下　功（編）障害児教育総説. 45-66　九州大学出版会
楠　峰光　1993　年長自閉症児の処遇―パニック問題を中心に―. 佐藤　望（編）　自閉症の医療・教育・福祉. 95-107　日本文化科学社
楠　峰光　1994　自閉性障害者の臨床と福祉. 九州大学教育学部附属障害児臨床センター（編）　発達と障害の心理臨床. 九州大学出版会
Landry, S. H. & Loveland, K. A. 1989 The Effect of Social Context on the Functional Communication Skills of Autistic Children. Journal of Autism and Developmental Disorders, Vol. 19(2), 283-299
Leslie, A. M. 1987 Pretense and Representation : The Origins of "Theory of Mind". Psychological Review, Vol. 94(4), 412-426
Lewis, V. & Boucher, J. 1995 Generativity in the Play of Young People with Autism. Journal of Autism and Developmental Disorders, Vol. 25(2), 105-121
Lincoln, A. J., Courchesne, E., Kilman, B. A., Elmasin, R. A., & Allen, M. 1988 A Study of Intellectual Abilities in High-Functioning People with Autism. Journal of Autism and Developmental Disorders, Vol. 18(4), 505-524
リヴトン　エヴァ（著）, 上芝功博・石井春子（訳）　1991　臆病な臨床家のためのサイコドラマの技法　自由自在に使いこなすために. ナカニシヤ出版
Lord, C. & Schopler, E. 1989 The Role of age at Assessment, Developmental Level, and Test in the Stability of Intelligence Scores in Young Autistic Children. Journal of Autism and Developmental Disorders, 19(4), 483-499
Lord, C., Pickles, A., McLennan, J., Rutter, M., Bregman, J., Folstein, S., Fombonne, E., Leboyer, M. & Minshew, N. 1997 Diagnosing Autism : Analysis of Data from the Autism Diagnostic interview. Journal of Autism and Developmental Disorders, 27(5), 501-517
Loveland, K. A. & Landry, S. H. 1986 Joint Attention and Language in Autism and Developmental Delay. Journal of Autism and Developmental Disorders, 16(3), 335-349
Macdonald, H., Rutter, M., Howlin, P., Rios, P., Le Conteur, A., Evered, C. & Folstein, S. 1989 Recognition and Expression of Emotional Cues by Autistic and Normal Adults. Journal of Child Psychology and Psychiatry, Vol. 30(6), 865-877
Manjiviona, J. & Prior, M. 1995 Comparison of Asperger Syndrome and High-Functioning Autistic Chidren on a Test of Motor Impairment. Journal of Autism and Developmental Disorders, Vol. 25(1), 23-39
マリノー, R. F.（著）, 増野　肇・増野信子（訳）　1995　神を演じつづけた男. 白揚社
増野　肇　1977　心理劇とその世界. 金剛出版
増野　肇　1989　心理劇（サイコドラマ）. 伊藤隆二（編）　心理治療法ハンドブック. 福村出版
松岡勝彦・日上耕司・牧野留美・近藤幸子　2000　自閉症研究における「心の理論」. 特殊教育学研究, 37(4), 87-92
松岡勝彦・小林重雄　2000　自閉症児における「他者意図」の理解に関する研究―ビデオ

弁別訓練による「言外の意味」の理解と般化―. 特殊教育学研究, 37(4), 1-12
松山義則 1981 表出の理解 表出心理学と行動学の交流. サイコロジー, 12, 27-32
Mawson, D., Grounds, A. & Tantam, D. 1985 Violence and Asperger's Syndrome : A Case Study. British Journal of Psychiatry, 147, 566-569
McArthur, D. & Adamson, L. B. 1996 Joint Attention in Preverbal Children : Autism and Developmental Language Disorder. Journal of Autism and Developmental Disorders, Vol. 26(5), 481-496
McGee, G. G., Krants, P. J. & McClannahan, L. E. 1984 Conversational Skills for Autistic Adolescents : Teaching Assertiveness in Natualistic Game Settings. Journal of Autism and Developmental Disorders, Vol. 14(3), 319-330
McGee, G. G., Feldman, R. S. & Morrier, M. J. 1997 Benchmarks of Social Treatment for Children with Autism. Journal of Autism and Developmental Disorders, Vol. 27(4), 353-364
Minshew, N. J. 1996 Brief Report : Brain Mechanism in Autism : Functional and Structural Abnormalities. Journal of Autism and Developmental Disorders, Vol. 26(2), 205-209
Mitchell, P. 1997 Introduction to theory of mind Children, Autism and Apes. Arnold.
ミッチェル, P. (著), 菊野春雄・橋本祐子 (訳) 2000 心の理論への招待. ミネルヴァ書房
Miyahara, M., Tsujii, M., Hori, M., Nakanishi, K., Kageyama, H. & Sugiyama, T. 1997 Brief Report : Motor Incoordination in Children with Asperger Syndrome and Learning Disabilities. Journal of Autism and Developmental Disorders, Vol. 27(5), 595-603
モア, C.・ダンハム, P. J. (著), 大神英裕 (監訳) 1999 ジョイント・アテンション 心の起源とその発達を探る. ナカニシヤ出版
茂木俊彦 (編集代表) 1997 障害児教育大事典. 旬報社
迎 孝久・楠峰光・金子進之助 1983 心理劇の実際 迎医院
迎 孝久・楠峰光・田中良子 1983 心理劇の実際―慢性分裂病者への適用―. 大分県社会福祉センター紀要
Mundy, P., Sigman, M. & Kasari, C. 1990 A Longitudinal Study of Joint Attention and Language Development in Autistic Children. Journal of Autism and Developmental Disorders, Vol. 20(1), 115-128
村瀬嘉代子 2001 事例研究の倫理と責任. 臨床心理学, 1, 10-16.
村田豊久 1980 小児のメディカルケアシリーズ14 自閉症. 医歯薬出版株式会社
村田豊久 1999 子どものこころの病理とその治療. 九州大学出版会
武藤安子 1993 発達臨床―人間関係の領野から―. 建帛社
中根 晃 1988 自閉症の長期予後(1). 精神医学, 30(5), 492-498
中根 晃 1995 自閉症とイデオ・サバン. 発達障害研究, 17(2), 104-110
中根 晃 1999 発達障害の臨床. 金剛出版
中根 晃 1999 LDと自閉症. 小児の精神と神経, 39(1), 51-57
中根 晃 2002 脳のサイエンスから見た高機能自閉性障害とアスペルガー障害. 自閉症

スペクトラム研究, 1, 15-24
中村雄二郎　1992　臨床の知とは何か. 岩波書店
成澤博子・石塚忠晴・高江洲義英・高野嘉代子　1977　慢性分裂病者への心理劇の試み—「触れ合い」の場として—. Journal Bulletin of Art Therapy, Vol 8, 59-67
野並美雪・小原俊郎・武藤安子　2000　発達臨床における心理劇の展開—対人関係様式と認知様式の統合的変化—. 心理劇, 5(1), 51-64
O'Doherty, S. 1989 Play and drama therapy with the Down's Syndrome child. The Arts in Psychotherapy, 16(3), 171-178.
大野博之・髙原朗子　1990　位置関係の理解課題における自閉症児・者の特徴—マッチング課題のエラーパターン分析—. 九州大学教育学部紀要 (教育心理学部門), 35(2), 129-140
太田正巳　1979　自閉症児の役割取得訓練(I). 特殊教育学研究, 17(1), 45-53
太田昌孝　1995　高機能自閉症. 発達障害研究, 17(2), 88-97
太田昌孝　1999　アスペルガー症候群の成人精神障害. 精神科治療学, Vol. 14(1), 29-37
太田美保・髙原朗子　1994　入所施設における心理劇の意義—心理劇場面での変化と日常生活場面での変化—. 心理劇研究, Vol. 18(2), 1-10
Ozonoff, S. & Miller, J. N. 1995 Teaching Theory of Mind: A New Approach to Social Skills Training for Individuals with Autism. Journal of Autism and Developmental Disorders, Vol. 25(4), 415-433
Ozonoff, S. & Strayer, D. L. 1997 Inhibitory Function in Nonretarded Children with Autism. Journal of Autism and Developmental Disorders, Vol. 27(1), 59-77
Reed, T. & Peterson, C. 1990 A Comparative Study of Autistic Subjects' Performance at Two Levels of Visual and Cognitive Perspective Taking. Journal of Autism and Developmental Disorders, Vol. 20(2), 555-567
Prizant, B. M. & Wetherby, A. M. 1987 Communicative Intent: A Framework for Understanding Social-Communicative Behavior in Autism. Journal of the American Academy of Child and Adolescent Psychiatry, Vol. 26(4), 472-479
Prizant, B. M. 1996 Brief Report: Communication, Language, Social, and Emotional Development. Journal of Autism and Developmental Disorders, Vol. 26(2), 173-178
Roeyers, H. 1996 The Influence of Nonhandicapped Peers on the Social Interactions of Children with a Pervasive Developmental Disorder. Journal of Autism and Developmental Disorders, Vol. 26(3), 303-320
Rutter, M. 1968 Concepts of Autism: A Review of Research. Journal of Child Psychology and Psychiatry, Vol. 9, 1-25
Rutter, M. 1983 Cognitive Deficits in the Pathogenesis of Autism. Journal of Child Psychology and Psychiatry, Vol. 24(4), 513-531
Rutter, M. & Schopler, E. 1987 Autism and Pervasive Development Disorders: Concepts and Diagnostic Issues. Journal of Autism and Developmental Disorders, Vol. 17(2), 159-186
Rutter, M. 1989 Annotation: Child Psychiatric Disorders in ICD-10. Journal of Child

Psychology and Psychiatry, Vol. 30(4), 499-513

Rutter, M. 1996 Autism Research : Prospects and Priorities. Journal of Autism and Developmental Disorders, Vol. 26(2), 257-275

皿田洋子 1992 精神分裂病を対象とした生活技能訓練とその効果.精神神経学雑誌, 94(2), 171-188

佐藤 望(編著) 1993 自閉症の医療・教育・福祉.日本文化科学社

Schatz, J. & Hamdan-Allen, G. 1995 Effects of Age and IQ on Adaptive Behavior Domains for Chidren with Autism. Journal of Autism and Developmental Disorders, Vol. 25(1), 51-60

Schleien, S. J., Mustonen, T. & Rynders, J. E. 1995 Participation of Children with Autism and Nondisabled Peers in a Cooperatively Structured Community Art Program. Journal of Autism and Developmental Disorders, Vol. 25(4), 397-413

Schreibman, L. 1996 Brief Report : The Case for Social and Behavioral Intervention Research. Journal of Autism and Developmental Disorders, Vol. 26(2), 247-250

Schroeder, S. R., LeBlanc, M. & Mayo, L. 1996 Brief Report : A Life-Span Perspective on the Development of Individuals with Autism. Journal of Autism and Developmental Disorders, Vol. 26(2), 251-255

Seibert, J. M., Hogan, A. E. & Mundy, P. G. 1982 Assessing Interactional Competence : The Early Social-Communication Scales. Infant Mental Health Journal, Vol. 3(4), 244-258

関戸英紀 1996 自閉症児に対するスクリプトを利用した電話による応答の指導.特殊教育学研究, 33(5), 41-47

Siegel, D. J., Minshew, N. J. & Goldstein, G. 1996 Wechsler IQ Profiles in Diagnosis of High-Functioning Autism. Journal of Autism and Developmental Disorders, Vol. 26(4), 389-406

志賀利一 1990 応用行動分析のもう1つの流れ―地域社会に根ざした教育方法―.特殊教育学研究, 28(1), 33-40.

Sigman, M., Mundy, P., Sherman, T., & Ungerer, J. 1986 Social Interactions of Autistic, Mentally Retarded and Normal Children and Their Caregivers. Journal of Child Psychology and Psychiatry, Vol. 27(5), 647-656

Sigman, M. & Mundy, P. 1987 Symbolic Processes in Young Autistic Children. New direction for Child Development, Vol. 36, 31-46

外林大作(監修) 1981 教育の現場におけるロール・プレイングの手引き.誠信書房

Stahmer, A. C. 1995 Teaching Symbolic Play Skill to Children with Autism Using Pivotal Response Training. Journal of Autism and Developmental Disorders, Vol. 25(2), 123-141

Stengel, B. E. 1987 Developmental Group Therapy with Autistic and Other Severely Psychosocially Handicapped Adolescents. International Journal of Group Psychotherapy, Vol. 37(3), 417-431

Stone, W. L. & Caro-Martinez, L. M. 1990 Natualistic Observation of Spontaneous Communication in Autistic Children. Journal of Autism and Developmental Dis-

orders, Vol. 20(4), 437-453
杉山恵理子・小谷英文・小沢良子　1997　精神分裂病の集団心理療法（集団精神療法）．心理臨床学研究, 15(6), 598-597
杉山登志郎　1995　正常知能広汎性発達障害と精神科的問題．発達障害研究, 17(2), 117-124
杉山登志郎　1999　アスペルガー症候群と心の理論．精神科治療学, Vol. 14(1), 47-52
杉山登志郎・辻井正次　1999　高機能広汎性発達障害　アスペルガー症候群と高機能自閉症．ブレーン出版
杉山登志郎　2000　自閉症の体験世界：高機能自閉症の臨床的研究から．小児の精神と神経, 40(2), 88-100
杉山登志郎・辻井正次・石川道子・神谷真巳　2000　暴力的な噴出を繰り返すAsperger症候群の症例検討．小児の精神と神経, 40(4), 303-312
杉山登志郎　2002　21世紀の自閉症教育の課題：異文化としての自閉症との共生．自閉症スペクトラム研究, 1, 1-8
Tager-Flusberg, H. 1996 Brief Report: Current Theory and Research on Language and Communication in Autism. Journal of Autism and Developmental Disorders, Vol. 26(2), 169-172
高木隆郎，ラター. M.，ショプラー. E.　1997　自閉症と発達障害研究の進歩 Vol. 1　特集　心の理論．日本文化科学社
高木隆郎，ラター. M.，ショプラー. E.　1998　自閉症と発達障害研究の進歩 Vol. 2　特集　遺伝と疫学．日本文化科学社
高木隆郎，ラター. M.，ショプラー. E.　1999　自閉症と発達障害研究の進歩 Vol. 3　特集　自閉症に合併する精神障害．日本文化科学社
髙原朗子　1991　自閉症児・者の認知の特性に関する研究—位置関係の理解課題を用いて—．特殊教育学研究, 29(3), 19-28
髙原朗子　1993 a　自閉性障害者に対する心理劇治療の試み．心理劇研究, 16, 1-7
髙原朗子　1993 b　心身障害児に対する地域福祉活動の意義—母子通園グループR保育園の報告を通して—．九州大学教育学部附属障害児臨床センター障害児臨床シンポジアム, 4, 71-83
髙原朗子・中山淳子・大野博之　1993　コミュニケーション障害児へのかかわり方に関する一考察—やりとり場面の記述とその分析を通して—．発達臨床心理学研究, 2, 39-56
髙原朗子　1995 a　自閉性障害者に対する心理劇—感情表出の促進を目指して—．心理劇研究, 19(1), 1-8
髙原朗子　1995 b　心身障害児に対する地域福祉活動の意義—母親の意識の変化より—．北九州大学文学部紀要（人間関係学科）, 2, 1-11
髙原朗子・松井達矢　1997 a　知的障害者に対する心理劇—イメージを喚起するウォーミングアップを導入して—．心理劇研究, 21(1), 16-26
髙原朗子　1997 b　福祉現場における心理劇—高齢者・障害者・援助者への適用—．北九州大学文学部紀要（人間関係学科）, 4, 35-42
髙原朗子　1998 a　自閉性障害児・者に対する心理劇—2泊3日の林間学校を通して—．心

理劇研究,21(2),1-12
髙原朗子 1998b 精神遅滞者のライフサイクルにおける福祉施設の意義.長崎大学教育学部教育科学研究報告,54,87-96
髙原朗子 1999a 知的障害児の自発性を高める心理劇的働きかけ―ダウン症児と自閉症児に対する適用―.心理劇研究,23(1),22-31
髙原朗子 1999b 知的障害者施設における心理治療的接近.長崎大学教育学部紀要―教育科学―,56,81-91
髙原朗子 2000 思春期を迎えたアスペルガー障害児に対する心理劇.心理劇,5(1),39-50
髙原朗子 2001a 昇地勝人他(編)『障害特性の理解と発達援助』第二部9章 自閉症.ナカニシヤ出版
髙原朗子 2001b 高機能自閉症者に対する心理劇.心理臨床学研究,19(3),254-265
髙原朗子 2001c あるアスペルガー症候群の青年に対する心理劇―「ねばならない」の世界から「ゆっくりのんびり」の世界へ―.臨床心理学,1(6),789-798
Takahara, A. 2002a Psychodrama in children and Adults with high-functioning pervasive developmental disorders. Bulletin of Faculty of Education, Nagasaki University : Educational Science, 63, 59-70
髙原朗子 2002b 青年期の自閉症者に対する心理劇の効果―10年間の実践の検討―.特殊教育学研究,40(4),363-374
髙原朗子 2004 高機能広汎性発達障害者に対する心理劇―アスペルガー症候群への適用を中心に―.アスペハート,6,4-9
髙原朗子 2005 サイコドラマ対象の現在「自閉症児・者への適用」.現代のエスプリ,459,94-103
高橋三郎・大野 裕・染矢俊幸(訳) 1995 DSM-IV精神疾患の分類と診断の手引.医学書院
詫間武元(訳) 1993 Hans Asperger(著) 小児期の自閉的精神病質(前半).児童精神医学とその近接領域,34(2);180-197
詫間武元(訳) 1993 Hans Asperger(著) 小児期の自閉的精神病質(後半).児童精神医学とその近接領域,34(3);282-301
Thorp, D. M., Stahmer, A. C. & Schreibman, L. 1995 Effects of Sociodramatic Play Training on Children with Autism. Journal of Autism and Developmental Disorders, 25(3), 265-282.
鮏松克代・遠藤淑美・福田正人・浅井久栄・宮内勝 1998 SSTが有効であったアスペルガー症候群の一例.精神科治療学,13(7),897-906
Trevarthen, C., Aitken, K., Papoudi, D. & Robarts, J. 1998 Children with Autism 2nd edition. Jessica Kingsley Publishers
Tsai, L. Y. 1996 Brief Report : Comorbid Psychiatric Disorders of Autistic Disorder. Journal of Autism and Developmental Disorders, Vol. 26(2), 159-163
辻井正次・杉山登志郎 1999 学習障害と高機能広汎性発達障害(アスペルガー症候群)との臨床的比較.発達障害研究,21(2),152-156
塚越克也 1996 精神遅滞児に対する発達援助法としての心理劇の試み.心理劇研究,

19(2), 8-14.
内山喜久雄・高野清純（監），渡辺弥生　1996　ソーシャル・スキル・トレーニング．日本文化科学社
内山登紀夫・水野薫・吉田友子　2002　高機能自閉症アスペルガー症候群入門　中央法規
宇津木成介　2002　情動のコントロール．教育と医学，50(10)，60-67．
VanMeter, L., Fein, D., Morris, R., Waterhouse, L. & Allen, D. 1997 Delay Versus Deviance in Autistic Social Behavior. Journal of Autism and Developmental Disorders, 27(5), 557-569
Volkmar, F. R., Sparrow, S. S., Rende. R. D. & Cohen, D. J. 1989 Facial Perception in Autism. Journal of Child Psychology and Psychiatry, Vol. 30(4), 591-598
Volkmar, F. R. & Cohen, D. J. 1989 Disintegrative Disorder or "Late Onset" Autism. Journal of Child Psychology and Psychiatry, Vol. 30(5), 717-724
Volkmar, F. R. 1996 Brief Report: Diagnostic Issues in Autism. Journal of Autism and Developmental Disorders, Vol. 26(2), 155-157
山上雅子　1979　対人関係に障害を示す子どもの発達的研究―その2　発達の阻害的要因について―．児童青年精神医学とその近接領域，20(4)，239-258
山上雅子　1999　自閉症児の初期発達　発達臨床的理解と援助．ミネルヴァ書房
山崎晃資・栗田広（編）1987　自閉症の研究と展望．東大出版会
山下　功（編）1990　障害児教育総説．九州大学出版会
吉田さおり・髙原朗子　2000　ある広汎性発達障害児の心理劇体験に関する一考察　心理劇研究，24(1)，31-41
Wainwright, J. A. & Bryson, S. E. 1996 Visual-Spatial Orienting in Autism. Journal of Autism and Developmental Disorders, Vol. 26(4), 423-438
Warger, C. L. 1984 Creative drama for autistic adolescents: Expanding lesuire and recreational options. Journal of Child and Adolescent Psychotherapy, Vol. 1(1), 15-19
Warger, C. L. & Kleman, D. 1986 Developing positive self-concepts in institutionalized children with severe behavior disorders. Child Welfare, Vol. 65(2), 165-176
渡辺弥生　1996　講座サイコセラピー第11巻　ソーシャル・スキル・トレーニング（SST）．日本文化科学社
Waterhouse, L., Morris, R., Allen, D., Dunn, M., Fein, D. Feinstein, C., Rapin, I. & Wing, L. 1996 Diagnosis and Classification in Autism. Journal of Autism and Developmental Disorders, Vol. 26(4), 59-86
Weiner, B. & Graham, S. 1989 Understanding the Motivational Role of Affect: Lifespan Research from an Attributional Perspective. Cognition and Emotion, 3(4), 401-419
Wimpory, D., Chadwick, P. & Nash, S. 1995 Brief Report: Musical Interaction Therapy for Chidren with Autism: An Evaluative Case Study with Two-Year Follow-Up. Journal of Autism and Developmental Disorders, Vol. 25(5), 541-552
Wing, L. 1976 Early Childhood Autism. 2nd ed. Pergamon Press: Oxford. ウィング，L.（著），久保紘章（監訳）1977　早期幼児自閉症．星和書店

Wing, L.　1981　Asperger's syndrome : A clinical account. Psychological Medicine, 11, 115-129

Wing, L.　1996　The Autistic Spectrum : A guide for parents and professionals. Constable and Company Limited. ウィング, L.（著），久保紘章・佐々木正美・清水康夫（監訳）　1998　自閉症スペクトル　親と専門家のためのガイドブック．東京書籍

索　引

ア行
アスペルガー ……………………………6, 155
アスペルガー障害（症候群）
　　………………………3, 42, 91, 97, 145
石井哲夫 ……………………………22, 152
生き生きした情動表出
　　………………………147, 149, 151, 153
今ここで ……………………14, 95, 109, 148
今の気持ち …………………37, 119, 124, 131
イメージ ………………………………8, 46, 124
現（うつつ）……………………………………8, 9, 154
ウォーミングアップ …………………12, 37, 124
ADHD（注意欠陥多動性障害）………39, 43
SST（社会適応訓練・社会技能訓練）
　　………………………………………6, 35
演者 ……………………………………………37
桜花塾 ……………………………55, 56, 57
想（おもい）……………………………………8, 9, 154

カ行
カウンセリング ……………………………79, 135
過去・現在・未来 ……………38, 41, 66, 151
家族（家庭）………………………………132, 144
課題解決 ……………………………………110
カタルシス ……………………9, 54, 91, 110
学校 …………………………………………132
カナー ………………………………6, 105, 154
観客 …………………………………………12, 37
間接誘導法 ……………………………14, 23
監督 ………………………………12, 37, 54, 150
共感 ……………………………………………13, 79
共有 ………………………………18, 21, 24, 44
グループ ……………………………40, 43, 120
劇化 ………………………………………13, 38, 121
現実 …………………………………………155
高機能自閉症 …………4, 41, 75, 79, 145

サ行
行動化 ………………………………………150
広汎性発達障害 …………………3, 28, 110
こころ（心）の理論 ……………………19, 150
こだわり …………………………41, 75, 79, 145
コミュニケーション ……5, 28, 121, 127

再現法 ……………………………………17, 21
シェアリング ……………………13, 38, 123
自我 …………………………………9, 90, 93, 99
自己実現 …………………………………96, 143
自発性 ………………14, 21, 22, 118, 120, 149
自閉症（自閉性障害）………15, 20, 40, 69
社会性 ……………………7, 17, 36, 142, 146
社会適応 ……………………………………48
主役 …………………………………12, 17, 37
生涯発達 ………………………………150, 154
焦点化 …………………………………63, 149
心理劇（サイコドラマ・ドラマ・劇）……
　　8, 11, 13, 20, 22, 36, 119, 137, 146
生活指導 …………………………………29, 35
青年学級 …………………………48, 50, 51, 52
創造性 ……………………………………21, 22
即興劇 ……………………………………12, 16

タ行
対人関係 ……………7, 11, 40, 42, 155
耐性 ……………………………48, 111, 127
ダブル（二重自我法）…36, 38, 140, 149
知的障害 ……………………27, 115, 124, 130
チューター ……………………………………55
寺子屋さくら ……………………43, 45, 110
特別支援教育 ……………………7, 115, 118

ナ行
仲間意識 …………………………96, 117, 145

ハ行

パターン ……………54, 78, 95, 99, 150
発達障害児（者）
　……………3, 11, 35, 137, 154, 155
発達障害者支援法…………………3, 7
パニック………6, 29, 41, 63, 80, 151
針塚進……………………24, 146, 154
ピアカウンセリング
　……………………7, 55, 74, 145, 152
ファンタジー …20, 36, 42, 53, 97, 112
福祉…………………………………24
福祉施設（施設・更生施設）
　…………………………27, 29, 58, 124
舞台…………………………………12
不適応 ……………………95, 97, 146
補助自我…………12, 37, 54, 121, 133

マ行

増野肇………………………………22, 98

ヤ行

松村康平……………………………22, 23
ミラー（鏡映法）
　……………………36, 39, 76, 97, 140, 149
迎孝久………………………………4, 14, 23
モデル（モデリング）……………134, 138
モレノ ………………………12, 22, 155

役割…………………………22, 37, 39
役割解除（デロール）…………36, 38, 124
役割書簡法（ロールレタリング）………122

ラ行

療育キャンプ ……………………64, 110
レクリエーション…………………………40
ロールシャッハテスト ……………………5
ロールプレイング ……………22, 38, 152
ロールリバーサル（役割交換法）
　……………36, 39, 107, 109, 140, 149

〈編著者紹介〉
髙原　朗子（たかはら　あきこ）
九州大学大学院教育学研究科修士課程修了。博士後期課程中退。博士（人間環境学）。臨床心理士。北九州大学文学部講師・助教授，長崎大学教育学部助教授を経て現在，熊本大学教育学部附属教育実践総合センター助教授（臨床心理学・障害児心理学）。日本心理劇学会理事・西日本心理劇学会常任理事・日本自閉症スペクトラム学会評議員・九州発達障害療育研究会常任理事。
第2章（第2節）・第4章・第5章・第6章担当

〈執筆者紹介〉
金子進之助（かねこ　しんのすけ）
九州大学文学部卒。臨床心理士（大分県臨床心理士会会長）。大分県児童相談所等を経て，別府大学大学院教授（臨床心理学），前別府大学短期大学部副学長。日本心理劇学会常任理事・西日本心理劇学会常任理事・九州発達障害療育研究会副会長。
第1章担当

楠　峰光（くす　みねみつ）
九州大学文学部卒。臨床心理士。福岡県精神衛生センター・福岡市心身障害福祉センター等を経て，西日本短期大学教授（心理学・社会福祉学），社会福祉学科学科長。社会福祉法人玄洋会理事長。日本心理劇学会理事・西日本心理劇学会常任理事・九州発達障害療育研究会事務局長。
序章・第2章（第1節）担当

池田　顕吾（いけだ　けんご）
広島大学大学院教育学研究科修了。臨床心理士。社会福祉法人玄洋会やまと更生センター主任指導員（指導係長）。福岡市知的障がい者地域生活支援センター主任コーディネーター。
第3章担当

〈表紙デザイン・挿絵〉
平山　隆浩（ひらやま　たかひろ）
福岡教育大学大学院教育学研究科修了。中村学園大学・大原保育医療福祉専門学校非常勤講師。社会福祉法人玄洋会絵画講師。福岡市美術連盟会員。あーたの会代表。

発達障害のための心理劇
──想から現に──

2007年3月31日　初版発行

編著者　髙原朗子
発行者　谷　隆一郎
発行所　(財)九州大学出版会
〒812-0053 福岡市東区箱崎7-1-146
九州大学構内
電話　092-641-0515（直通）
振替　01710-6-3677

印刷／九州電算㈱・大同印刷㈱　製本／篠原製本㈱

© 2007 Printed in Japan　　ISBN 978-4-87378-937-8

心理学はしがき集

成瀬悟策　　　　　　　　　　　四六判 330 頁 **2,800 円**

著者の研究の立場や考え方を，はっきりと打ち出した特徴ある序文67点からなるはしがき集。論文に匹敵する序文や斬新な企画・編集のまえがき，あるいは若手への励ましの推薦文は，これからの新しい心理学研究の方向を示唆している。

障害児の心理と指導

山下　功 編　　　　　　　　　　A 5 判 300 頁 **3,800 円**

第二次大戦後，新憲法の理念のもとに発足した障害児教育の足跡をたどり，その中で解明された教育心理学的理論や指導方法についてまとめたもので，各障害児のもつ基本的な特性や問題点を整理し，それぞれの障害に対して開発された指導法を紹介する。

SART ──主動型リラクセイション療法──

大野博之 編著　　　　　　　　　A 5 判 204 頁 **2,000 円**

SART（主動型リラクセイション療法）は，動作法の臨床実践の積み重ねから誕生し，からだの動きとリラクセイションにより自分の再発見と可能性を探るアプローチである。一般の人たちの心身の不調の改善にも役立ち，障害を持つ人たちやこころとからだに問題をもつ人たちに広く適用できる心理療法である。

（表示価格は税別）　　　**九州大学出版会**